AF545671

ars vivendi

Marion Reinhardt

Fränkisch kochen mit WILDEN KRÄUTERN

80 SAISONALE REZEPTE

Foodfotos von Hanne Beinhofer

ars vivendi

INHALT

VORWORT

Als Kräuterpädagogin »wilde möhre« veranstalte ich seit Jahren Wildkräuterwanderungen in meiner fränkischen Heimat. Besonders beeindruckt sind meine TeilnehmerInnen immer dann, wenn ich Kostproben von kulinarischen Kräuterspezialitäten mitbringe, die ich aus genau den Wildpflanzen zubereitet habe, die sie bei unserer Tour gerade kennenlernen. Alle sind begeistert, wenn sie unter Anleitung zum ersten Mal Kräuter selbst sammeln, schnippeln und mit ihnen kochen. Wie oft habe ich dabei schon gehört: »Dieses Kraut habe ich erst am Wochenende bei mir im Garten ausgerissen – wenn ich gewusst hätte, dass ich es essen kann!«

1500 genießbare Kräuter stellt Steffen Guido Fleischhauer in seiner Enzyklopädie der essbaren Wildpflanzen vor. Unglaublich viele davon wachsen direkt vor unserer Haustür! Wir können sie nutzen und dabei in vielerlei Hinsicht profitieren: Sie sind kostenlos zu haben und wenig davon genügt schon – ihre Aromen sind kräftig und außergewöhnlich. Außerdem sind die wilden Pflanzen besonders reich an Vitaminen, Mineralien, Spurenelementen und anderen wertvollen Vitalstoffen – viel mehr noch als Kulturgemüse. Wildkräuter werten alle Gerichte auf und man muss nicht bergeweise »Grünzeug« futtern, um gesund zu essen.

Beim Kochen mit Wildkräutern geht es mir vor allem darum, unkomplizierte und alltagstaugliche Gerichte zuzubereiten. Die einfachen, bodenständigen Speisen sind doch oft die besten. So entstand meine Idee, fränkische Rezepte und einheimische Wildkräuter zu kombinieren und besonders die Küchenklassiker aus Franken einmal ganz »wild« zu interpretieren.

Mit diesem Kochbuch werden Sie altbekannte Gerichte neu entdecken. Sie werden aber auch rund 45 verschiedene Wildpflanzen näher kennenlernen. Damit Sie beim Sammeln die richtigen ernten, sollen Ihnen Pflanzenporträts zu den einzelnen Rezepten das Auffinden und Erkennen erleichtern. Manche Kräuter tauchen

doppelt in unterschiedlichen Jahreszeiten auf. Das liegt daran, dass manchmal zum Beispiel die Blätter im Frühjahr, die Samen dann aber erst im Herbst verwendet werden. Das Kochbuch gliedert sich in drei »Jahreszeiten«, die fließend ineinander übergehen, je nachdem, wie die Witterung das Pflanzenwachstum beeinflusst. Herbst und Winter sind in einem Kapitel zusammengefasst, da in den Wintermonaten weniger Wildkräuter verfügbar sind. Aber freuen Sie sich: Es gibt rund ums ganze Jahr immer etwas Wildes zu ernten!

Wildkräuter sind gut für unseren Körper und für unsere Seele. Denn nicht nur sie sind gesund, auch mit dem Sammeln tut man sich etwas Gutes. Man ist draußen in der Natur und bewegt sich an der frischen Luft. Das macht den Kopf frei und entspannt. Ich beobachte das bei mir selbst: Wenn ich auf Wildkräutersuche bin, beschwingt mich das und irgendwann beginne ich, leise vor mich hin zu summen …

Ich wünsche Ihnen viel Freude beim Entdecken der Wildkräuter und beim Probieren der »grünen« Geschmackswelten!

Ihre »wilde möhre«
Marion Reinhardt

BÄRLAUCH – Allium ursinum
BEINWELL – Symphytum officinale
BRENNNESSEL – Urtica dioica
FICHTE – Picea abies
GÄNSEBLÜMCHEN – Bellis perennis
GIERSCH – Aegopodium podagraria
GUNDERMANN – Glechoma hederacea
HOPFEN – Humulus lupulus
KNOBLAUCHSRAUKE – Alliaria petiolata
LINDE – Tilia platyphyllos
LÖWENZAHN – Taraxacum officinale
QUENDEL – Thymus pulegioides
SAUERAMPFER – Rumex acetosa
SCHARBOCKSKRAUT – Ranunculus ficaria
SPITZWEGERICH – Plantago lanceolata
TAUBNESSEL – Lamium album
WALDMEISTER – Galium odoratum
WIESENBÄRENKLAU – Heracleum sphondylium
WIESENSCHAUMKRAUT – Cardamine pratensis

Alle Rezepte sind für 4 Personen

FRÜHLING

Frühling: Die jungen »Wilden« kommen

*Kaum lassen sich die ersten Sonnenstrahlen blicken, fängt das junge, wilde Grün auch schon zu sprießen an. Wer mit offenen Augen durch die Natur streift, kann schon ab Februar verschiedene Wildkräuter entdecken. Im noch lichten Laubwald bahnen sich erste Sprosse ihren Weg nach oben. Die Spitzen des **Bärlauch**s müssen manchmal sogar noch eine Schneedecke durchbrechen. Später führt dann die Sammler ihre Nase zu den würzigen Blättern, denn man kann den Bärlauch schon aus der Ferne schnuppern! Unter dem alten Herbstlaub verstecken sich die glänzenden Blättchen des **Scharbockskraut**s. Es ist das Vitamin C-reichste Wildkraut, das zu dieser frühen Zeit wächst. Auf den Wiesen zeigen sich die gelben **Löwenzähne** und die rosa schimmernden Blütenköpfchen des **Gänseblümchen**s. Es heißt, die ersten drei Gänseblümchen, die man im Frühjahr isst, bescheren Gesundheit das ganze Jahr über. Wer genau hinsieht, kann auch die feinen Fiederchen der **Schafgarbenblätter** ausmachen. Der **Giersch** beginnt, sich hemmungslos auszubreiten, und wird noch so manchen Gärtner zur Verzweiflung bringen. Ein weißer Schleier umhüllt die **Schlehensträucher** und die Bäume entfalten ihr **Laub**.*

All diese ersten Blättchen sind jetzt besonders zart und saftig – ideal, sie roh zu verwenden, zum Beispiel in einem feinen Wildkräutersalat. Im Frühling haben wir besonderen Appetit auf Knackig-Frisches, das uns mit Vitaminen versorgt. Lange Tradition hat die Gründonnerstagssuppe, die auch heute noch in vielen Haushalten an Ostern auf den Tisch kommt. Wegen der Anzahl ihrer grünen Zutaten heißt sie auch »Grüne Neune«. Nach einem langen Winter belebt sie uns mit ihrem Cocktail aus gesunden Wildkräutern.

BÄRLAUCH
Allium ursinum

Alle Pflanzen, die einen Bären in ihrem Namen haben, verleihen Bärenkräfte – so zumindest im Volksglauben. Nach dem langen Winterschlaf, so dachte man, fressen ihn die Bären, um sich zu stärken. Eine stärkende Wirkung aber hat er tatsächlich. Mit den gleichen Inhaltsstoffen wie der Knoblauch, nur in geringerer Menge, wirkt er blutdruck- und cholesterinsenkend, gegen Arterienverkalkung, antibakteriell, antiviral und sogar antimykotisch. Bärlauch strotzt also nur so vor Kraft. Auffällig ist zudem sein typischer »Duft«. Wer einmal durch einen lichten Auen- oder Buchenwald mit dichtem Bärlauchteppich gewandert ist, hat ihn schon von Weitem riechen können. Der Bärlauch gehört zu den ersten Wildkräutern im Jahr. Seine Blätter spitzen oft sogar schon durch den Schnee. Dann ist er besonders scharf.

Bärlauchpesto ist wohl der Klassiker in der Wildkräuterküche. Er kommt aber auch als Suppe auf den Tisch und man aromatisiert Essig oder Öl damit. Essbar sind nicht nur seine würzigen Blätter, die auf dem deftigen Hitzblootz geschmacklich gut zur Geltung kommen. Auch die Blütenknospen sind eine Delikatesse, die man wie Gürkchen sauer einlegen kann. Selbst seine schmalen Zwiebeln können in der Küche verwendet werden.

Beim Sammeln im Wald sollte man sehr genau hinsehen, denn Bärlauch kann leicht mit giftigen Maiglöckchen, Aronstab oder Herbstzeitlosen verwechselt werden. Schnuppern an den Fingern, die den Knoblauchgeruch schon von wenigen Blättern annehmen, genügt nicht! Ein wichtiges Kennzeichen ist die dicke Mittelrippe der Blätter, die beim Brechen hörbar knackt. Die Blätter rollen sich außerdem an den Rändern leicht nach hinten ein und weisen einen ausgeprägten Blattstiel auf, der dreikantig ist. Die Blattoberfläche ist glänzend, die Unterseite matt.

ZWIEBELSUPPE VOM BÄRLAUCH

200 g **Bärlauchzwiebeln**
750 ml Gemüsebrühe
4 EL Butter
2 EL Mehl
250 ml Frankenwein
Salz
4 Scheiben Bauernbrot

Die Bärlauchzwiebeln gründlich waschen und die Wurzeln entfernen. Den Blattaustrieb ebenfalls abschneiden und beiseitelegen. Die Zwiebeln in Röllchen schneiden. Die Brühe zum Kochen bringen. Die Butter in einem Topf erhitzen und die Zwiebeln darin goldgelb andünsten. Mit Mehl überstäuben und leicht braun werden lassen. Mit heißer Brühe ablöschen und den Wein angießen. Die Suppe etwa 20 Minuten bei geschlossenem Deckel köcheln lassen, dann mit Salz abschmecken. In der Zwischenzeit den grünen Blattaustrieb in feine Streifen schneiden, das Brot im Backofen knusprig rösten und in mundgerechte Würfel schneiden. Das Bärlauchgrün und die Brotwürfel über die fertige Suppe streuen und sofort servieren.

Bärlauchzwiebeln sollten Sie nur im eigenen Garten ausgraben oder beim Bauern kaufen, der die Zwiebeln aus eigener Kultur erntet. Sie im Wald auszugraben, ist ökologisch bedenklich und kann den Wildpflanzenbestand gefährden.

GRÜNE BÄRLAUCHKNÖPFLE

2 Bund **Bärlauchblätter**
500 g griffiges Mehl
(z. B. »Wiener Grießler«)
5 Bio-Eier
Salz
Butter
geriebener Emmentaler
oder Bergkäse

KNÖPFLEHOBEL, ALTERNATIV SPÄTZLEPRESSE

Die Bärlauchblätter bei Bedarf abspülen und trocken tupfen, dann grob in Streifen schneiden und in ein hohes Gefäß füllen. 130 ml Wasser dazugeben und mit dem Pürierstab zu einem Brei verschlagen. Das Mehl mit den Eiern, der Bärlauchmasse und etwas Salz zu einem glatten, zähflüssigen Teig verrühren.
Einen Topf mit Salzwasser aufsetzen und zum Kochen bringen. Den Teig portionsweise durch einen Knöpflehobel ins heiße Wasser schaben. Nach dem Aufkochen schwimmen die Knöpfle an der Oberfläche und können mit einem Schaumlöffel abgeschöpft werden. So lange weitermachen, bis der Teig aufgebraucht ist.
Etwas Butter in einer Pfanne erhitzen und die fertigen Knöpfle darin schwenken. Vor dem Servieren mit geriebenem Käse bestreuen.

Knöpfle sagen vor allem die Bewohner des bayerischen Teils von Schwaben. Ihre kürzere und rundliche Form bekommen die Teigwaren durch die Herstellung mit dem Knöpflehobel. Mit der Spätzlepresse dagegen erhält man längliche.

BÄRLAUCHESSIG

6–8 **Bärlauchblätter**
500 ml Weißweinessig

1 SAUBERE FLASCHE
ZUM ABFÜLLEN

Die Bärlauchblätter bei Bedarf abspülen und trocken tupfen. In eine frische Flasche stecken und mit dem Essig übergießen. Die Flasche verschließen und den Essig etwa 4 Wochen ziehen lassen. Die Blätter können anschließend nach Belieben in der Flasche bleiben oder man filtert den Essig ab.

Es genügen schon wenige Bärlauchblätter, um einen sehr aromatischen Essig zu erhalten. Auch mit anderen Wildkräutern oder einem gemischten Kräutersträußchen können Sie ganz einfach Ihren eigenen »wilden« Essig kreieren und damit immer wieder neue, ungewöhnliche Geschmacksvarianten für Salate zaubern. Besonders schön sieht der Essig aus, wenn Sie nach dem Abfiltern frische Kräuter in die Flasche stecken.

HITZBLOOTZ MIT BÄRLAUCH

250 g Roggenmehl
200 g Dinkelmehl
½ Pck. Trockenhefe
½ Pck. (= 7,5 g) Trockensauerteig
2 TL Salz
½ TL Zucker
2 TL Brotgewürz
1 Bund **Bärlauchblätter**
100 g durchwachsener Speck
200 g Schmand

MEHL ZUM ARBEITEN

Die trockenen Zutaten und Gewürze in einer großen Schüssel miteinander mischen. Nach und nach 250 ml lauwarmes Wasser dazugeben und alles gut vermengen. Den Teig auf einer bemehlten Arbeitsfläche etwa 10 Minuten lang durchkneten. Zugedeckt 1 Stunde ruhen lassen.

Danach den Teig nochmals kneten und in 4 Stücke teilen. Ein Backblech mit Backpapier belegen und darauf 4 dünne, längliche Fladen ausrollen. Abdecken und nochmals 30 Minuten gehen lassen.

Den Backofen auf 220 °C (Ober-/Unterhitze) vorheizen. In der Zwischenzeit den Bärlauch bei Bedarf abspülen, trocken tupfen und in feine Streifen schneiden. Den Speck klein würfeln. Die Fladen mit Schmand bestreichen, mit Speckwürfeln belegen und etwa 15 Minuten backen.

Direkt aus dem Ofen noch heiß mit Bärlauch bestreuen und servieren.

BEINWELL
Symphytum officinale

Die schöne Staude mit ihren rosa bis lila gefärbten Blüten und den kratzigen Blättern mag es gerne feucht. Deshalb findet man sie an Bach- und Flussläufen oder auf feuchten Wiesen. Beinwell ist eine sehr alte Heilpflanze. Ihr hoher Gehalt an Allantoin regeneriert Gewebe, fördert die Wundheilung und lässt gebrochene Knochen besser zusammenwachsen. Darauf deutet auch schon der Name hin. Beinwellsalbe aus den Wurzeln, die gut bei Verstauchungen, Prellungen und blauen Flecken ist, gehörte früher in jede Hausapotheke.

Die Pflanze, die zur Familie der Raublattgewächse zählt, ist mit dem Borretsch verwandt und essbar. Die großen Blätter, die seitlich am Stängel herab in kleinen »Flügeln« auslaufen, kann man bis in den Juli hinein ernten. Sie eignen sich nicht nur für Gemüsegerichte, sondern auch für Blattrouladen oder zum Ausbacken, und sie lassen sich gut füllen, weil die Blätter sehr stabil und dick sind – ideal also für ein »wildes« Cordon Bleu. Die Blätter erinnern in Geruch und Geschmack an Gurken.

Doch auch die Blüten kann man naschen. Und im Herbst und Winter gräbt man die Wurzeln als Zutat für Wurzelgemüse aus. Beinwell sollte man nicht über einen längeren Zeitraum hinweg und in größeren Mengen essen, da er für die Leber schädliche Pflanzenstoffe enthält.

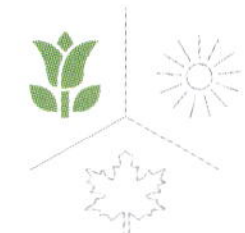

SPARGEL MIT BEINWELLSCHNITZEL

Für die Beinwellschnitzel:
250 g Dinkelmehl
300 ml helles Bier
2 Bio-Eier
Kräutersalz (s. S. 56)
16 handgroße **Beinwellblätter**
16 hauchdünne Scheiben Emmentaler
8 hauchdünne Scheiben gekochter Schinken
Öl zum Ausbacken
4 **Beinwellblütenstände** zum Garnieren

Für den Spargel:
2 kg fränkischer weißer Spargel
etwas frisch gepresster Zitronensaft
Salz
Zucker
4 EL Butter

Aus Dinkelmehl, Bier, Eiern und Kräutersalz einen Teig anrühren. Die Beinwellblätter bei Bedarf waschen, trocken tupfen und die dicke Mittelrippe flach klopfen oder herausschneiden. Die Hälfte der Blätter abwechselnd mit Käse, Schinken, Käse belegen und mit den restlichen Beinwellblättern abdecken. Mit einem Holzspießchen fixieren. Die Schnitzel in den Bierteig tauchen und in heißem Öl in der Pfanne goldgelb braten.
Den Spargel waschen und schälen. Die unteren Enden abschneiden. Wasser in einem Topf mit Zitronensaft, Salz und Zucker aufkochen und die Spargelstangen darin garen, bis sie weich sind. Die Butter zerlassen.
Die Beinwellschnitzel mit dem Spargel auf einem Teller anrichten und die Spargelstangen mit flüssiger Butter beträufeln. Mit Beinwellblüten garnieren. Dazu passen Pellkartoffeln.

BRENNNESSEL
Urtica dioica

Unkraut oder Nachkriegsessen – die Brennnessel hat leider bei vielen ein schlechtes Image. Dabei hat das weit verbreitete Wildkraut so viele Vorzüge, dass man Bücher darüber schreiben könnte. Die Brennnessel gehört zu den vitamin- und vitalstoffreichsten Wildgemüsen, die bei uns wachsen. Nur ein Beispiel: Ihr Gehalt an Vitamin C ist sechsmal so hoch wie der der Zitrone! Und sie ist so vielseitig: als Suppe, Brotaufstrich, Füllung von Strudeln und Quiches, in Teig ausgebacken, ja sogar roh im Salat kann man sie verwenden. Dabei schmecken nicht nur ihre Blätter köstlich und erinnern ein wenig an Leinsamen, auch ihre unscheinbaren Blütenstände und die Samen, die sich schon ab dem Sommer entwickeln, sind lecker und nussig im Geschmack. Sie gelten als kräftigend und vitalisierend.

Als Heilpflanze kommt sie seit Generationen gegen Rheuma und Gicht zum Einsatz. Sie wirkt entwässernd, macht als Tee im Rahmen einer Frühjahrskur den Körper fit und bekämpft die Frühjahrsmüdigkeit. Wer biologisch gärtnert, schätzt die Brennnessel als natürlichen Dünger und Spritzmittel zugleich. Und auch Tiere mögen sie: Die Raupen zahlreicher Schmetterlinge haben sie zum Fressen gern. Das bemerkenswerteste Kennzeichen der Brennnessel sind eindeutig ihre Brennhaare, die fast alle Pflanzenteile überziehen. Der Blattrand ist auffällig gezahnt und die Blätter sitzen gegenständig am Stängel. Brennnesseln sind vor allem am Wegesrand, auf Schuttplätzen und – als Stickstoffzeigerpflanze – besonders an stark gedüngten Standorten zu finden.

Um Brennnesselblätter roh verzehren zu können, gibt es ein paar Küchentricks: Die Blätter auf ein Brett legen und mit der Nudelwalze mehrmals darüberrollen. Oder die Blätter in ein sauberes Geschirrtuch wickeln und wie ein nasses Tuch »auswringen« – so brennt garantiert nichts im Mund!

BAGGERS MIT BRENNNESSEL-LACHS-MOUSSE

Für die Baggers:

1 kg rohe, festkochende Kartoffeln
2 große, gekochte Kartoffeln
1 Zwiebel
2 Bio-Eier
Salz
Butterschmalz zum Braten

Für die Brennnessel-Lachs-Mousse:

250 g Sahne
2 Handvoll **Brennnesselblätter**
100 g Räucherlachs
2–3 cm Kren (Meerrettichwurzel)
Salz und Pfeffer aus der Mühle

Die rohen Kartoffeln schälen und fein reiben, die gekochten Kartoffeln häuten und grob raspeln. Die Zwiebel schälen und fein würfeln. Rohe und gekochte Kartoffeln, Zwiebelwürfel und Eier verrühren und salzen. Das Butterschmalz in einer beschichteten Pfanne erhitzen, nacheinander jeweils 3 EL Teig hineingeben und die Baggers von beiden Seiten goldbraun braten.

Für die Mousse 3 EL Sahne beiseitestellen, den Rest steif schlagen. Die Brennnesselblätter bei Bedarf waschen, trocken tupfen und klein schneiden. Den Lachs in Streifen schneiden. Den Meerrettich schälen und fein reiben. Brennnessel, Lachs und Meerrettich mit der flüssigen Sahne pürieren. Die steif geschlagene Sahne unterheben. Mit Salz und Pfeffer abschmecken und jeweils einen Klecks der Brennnessel-Lachs-Mousse zu den Baggers servieren.

Tipp

Ohne die Gefahr sich zu brennen, erntet man die Brennnessel am einfachsten mit (Gummi-)Handschuhen oder man schneidet die Blätter mit der Schere ab und lässt sie direkt in ein Sammelgefäß fallen. Wer nicht sehr empfindlich ist, kann sie auch mit den Fingernägeln abzwicken. Das macht höchstens den Daumen eine Zeit lang etwas taub.
Übrigens lassen sich Brennnesselblätter bis in den Herbst hinein ernten, wenn man die oberen zarten zwei bis drei Blattpaare verwendet.

FICHTE

Picea abies

Fichtennadeln taugen nicht nur als Badezusatz. Mit ihrem leicht harzigen Geschmack würzen sie auch und passen dabei besonders zu Speisen, deren Zutaten ebenfalls aus dem Wald kommen, wie Pilze und Wildschwein. Eine besondere Delikatesse sind die hellgrünen Spitzen, die im Frühjahr heranwachsen. Sie heißen »Maiwuchs« und sind so zart, dass man sie direkt vom Baum essen kann. Ihr Geschmack ist säuerlich-harzig.

Kocht man sie in Wasser, kann man aus dem Sud »Fichtenhonig« oder Gelee herstellen. Mit seinem karamellähnlichen Geschmack und seiner zähflüssigen Konsistenz passt der Fichtenhonig bestens zu Eis. Außerdem ist er ein altes Hausmittel bei Husten. Mehrmals täglich einen Esslöffel voll einnehmen – das hilft und schmeckt noch dazu! Auch Kinder mögen diesen »Hustensirup« gerne. Gleiches geht auch mit den jungen Trieben der Tanne. Unterscheiden kann man beide an der Farbe ihrer Borke: die der Fichten ist rötlich-braun, die der Tannen grau-weiß. Zweige und Zapfen der Fichte hängen nach unten, die Zweige der Tanne stehen waagrecht ab, ihre Zapfen aufrecht.

Die Fichte ist ein sehr harzreicher Baum. Das frisch ausgetretene und noch flüssige Harz wird als Terpentin bezeichnet. Es findet Verwendung als Zusatz für Lacke und sogar Salben. Auch als Räucherwerk ist das Fichtenharz begehrt. Da die Fichte schnell wächst, ist sie ein beliebter nachwachsender Rohstoff für die Herstellung von Papier und wird heute oft in Monokulturen angebaut.

VANILLEEIS MIT FICHTENHONIG

VOR-BEREITUNGS-ZEIT

Für das Vanilleeis:
2 Vanilleschoten
500 ml Vollmilch
100 g Sahne
6 Bio-Eigelb
150 g Zucker

Für den Fichtenhonig:
1 Litermaß junge Fichtenspitzen
750 g Zucker
frisch gepresster Saft von 1 Zitrone

3–4 SCHRAUBGLÄSER

Tipp
Dieser »Honig« schmeckt auch köstlich auf einer frischen Buttersemmel oder zu Pfannkuchen.

Für das Eis die Vanilleschoten längs aufschneiden und das Mark herauskratzen. Beides zusammen mit Milch und Sahne in einen Topf geben. Aufkochen, den Topf vom Herd nehmen und ziehen lassen. Eigelb und Zucker aufschlagen, bis die Masse hellgelb und dick wird. Die Vanilleschote aus der Milch nehmen und die Milch unter die Eigelbmasse rühren. Die Creme unter Rühren auf Zimmertemperatur abkühlen lassen, dann in die laufende Eismaschine füllen. Alternativ im Tiefkühler gefrieren, dabei immer wieder umrühren, damit sich möglichst kleine Eiskristalle bilden.

4 Fichtenspitzen zur Dekoration beiseitelegen. Die restlichen Spitzen mit 1 l Wasser übergießen und erhitzen. Etwa 5 Minuten kochen, dann den Topf vom Herd nehmen und ziehen lassen, bis der Sud abgekühlt ist (am besten über Nacht).

Alles abfiltern und 750 ml Sud abmessen. Falls nötig, mit Wasser auffüllen. Zucker und Zitronensaft dazugeben und alles nochmals aufkochen. Dann bei mittlerer Hitze auf etwa die Hälfte eindampfen lassen. Das dauert etwa 3 Stunden. Dabei den Topf nicht unbeaufsichtigt lassen! Den Fichtenspitzenhonig heiß in Schraubgläser abfüllen. Kühl aufbewahrt hält er ähnlich lange wie Marmelade, mindestens jedoch 1 Jahr.

Das Eis portionieren und jeweils mit 1 EL Fichtenspitzenhonig überziehen. Mit einer Fichtenspitze garnieren und servieren.

GÄNSEBLÜMCHEN

Bellis perennis

Jedes Kind kennt Gänseblümchen! Es ist eine typische Frühlingsblume und es heißt, wenn man mit einem Fuß auf drei Gänseblümchen gleichzeitig treten kann, dann ist der Frühling eingekehrt. Aber man findet es das ganze Jahr über. Selbst im Winter kann man seine Blattrosette, deren kleine spatelförmige Blätter sich dann eng an den Boden schmiegen, noch unter dem Schnee finden. Es ist in jeder nicht chemisch behandelten Rasenfläche zu Hause. Gänseblümchen sind köstlich auf einem Butterbrot und machen jeden Salat zum Hingucker. Die Köpfchen schmecken leicht pfeffrig, die Blütenstängel dagegen sind süß und die grünen Blätter erinnern an Feldsalat. Ganz gleich, ob süß oder salzig, das Gänseblümchen kann man in der Küche ganz vielseitig einsetzen. Eine schöne, essbare Dekoration sind beispielsweise auch kandierte Gänseblümchen. Es ist hübsch anzuschauen und gilt in der Sprache der Blumen als Sinnbild für kindliche Unschuld und Bescheidenheit. Doch so niedlich und brav es äußerlich erscheint, wird es doch oft ziemlich unterschätzt, denn das Gänseblümchen entfaltet sogar Kräfte als Arznei. Das brachte ihm den Titel »Heilpflanze des Jahres 2017« ein. Ein Tee aus seinen Blüten ist ein althergebrachtes Heilmittel bei Husten und Erkältung.

VOR BEREITUNGS ZEIT

FALSCHE OLIVEN UND KAPERN

2 Handvoll Wildkräuterknospen (z. B. vom Löwenzahn, Bärlauch, **Gänseblümchen** oder anderen essbaren Wildkräutern)
2 TL Kräutersalz (s. S. 56)
2 Gundermannranken
125 ml milder Kräuteressig
ein paar Pfefferkörner
½ Lorbeerblatt

2–3 SCHRAUBGLÄSER

Die Knospen unter fließendem Wasser abspülen, trocken schütteln und in ein Schraubglas füllen. Das Salz darüberstreuen, das Glas verschließen und schütteln, bis alles überzogen ist. Über Nacht stehen lassen.

Am nächsten Tag die Knospen in einem Sieb unter fließendem Wasser abspülen. Die Gundermannranken bei Bedarf abbrausen, trocken schütteln und die Blättchen abzupfen. Zusammen mit den Knospen, Essig, 125 ml Wasser und den Gewürzen in einem Topf ein paarmal aufwallen lassen.

Noch heiß in frische Schraubgläser abfüllen. Sie halten sich mindestens 1 Jahr. Am besten passen sie zu einer deftigen Brotzeit.

NEUNSTÄRKE ODER GRÜNDONNERSTAGSSUPPE

4 Handvoll gemischte Wildkräuter (z. B. **Gänseblümchen**, Scharbockskraut, Giersch, Löwenzahn, Brennnessel, Knoblauchsrauke, Schafgarbe, Spitzwegerich, Sauerampfer)
1 Zwiebel
1 mehligkochende Kartoffel
30 g Butter
1 l Gemüsebrühe
125 g Sahne
Kräutersalz (s. S. 56)

Die Gänseblümchenköpfe von den Stängeln zupfen und in den Kühlschrank stellen. Die anderen Wildkräuter verlesen, waschen und trocken tupfen, danach klein schneiden. Zwiebel und Kartoffel schälen, würfeln und in Butter andünsten. Mit Brühe ablöschen, das Gemüse weich kochen und anschließend pürieren. Die Kräuter dazugeben, nur kurz köcheln lassen, dann erneut pürieren.
Zum Schluss die Sahne einrühren und die Suppe mit Salz abschmecken. Die Gänseblümchenköpfe erst direkt beim Servieren auf die Suppe streuen.

Ihren Namen hat die Suppe zum einen nach den (meistens verwendeten) neun frischen Frühlingskräutern, zum anderen wurde sie traditionell am Gründonnerstag vor Ostern serviert. Die Kräuter enthalten viele Vitamine und Vitalstoffe, die den Körper nach dem Winter stärken. Sie kurbeln den Stoffwechsel an und machen fit fürs Frühjahr.

Die Gänseblümchen werden ein echtes Aha-Erlebnis für Ihre Gäste. Der Trick: Bewahren Sie die Blütenköpfe nach dem Sammeln in einer Dose im Kühlschrank auf. Bei Kälte und Dunkelheit schließen sie sich nämlich. Streuen Sie die Blumen dann auf die heiße Suppe, erblühen sie! Was für ein schöner Anblick!
Das Rezept funktioniert natürlich auch mit anderen Kräutern, und es müssen auch nicht unbedingt neun verschiedene sein. Sehen Sie einfach in Ihrem Garten oder bei einem Spaziergang in der Natur nach, welche essbaren Wildpflanzen Sie finden.

GIERSCH

Aegopodium podagraria

Auch der Giersch wird als »Unkraut« verkannt. Er wuchert enorm, doch lässt er sich gut in Schach halten, indem man ihn einfach aufisst! Als Spinat, Suppe, roher Salat, Füllung oder sogar in flüssiger Form kann man seine Blätter mit ihrem Möhren- und Petersilienaroma genießen. Köche können mit dem Giersch ihrer Kreativität freien Lauf lassen. Die Erntezeit erstreckt sich vom Frühjahr bis in den Herbst hinein, wobei die noch nicht voll entfalteten Blättchen im Frühling besonders zart und schmackhaft sind und deshalb sehr gut roh verzehrt werden können. Früher wurde das Kraut als Breiauflage bei Podagra, im Volksmund für Gicht, verwendet. Auch innerlich kann ein Tee mit seinen harnsäurelösenden und entzündungshemmenden Eigenschaften die Heilung der Krankheit unterstützen.

Man findet Giersch an halbschattigen, feuchten und nährstoffreichen Stellen wie zum Beispiel an Wald- und Gebüschrändern. Typisch für ihn sind der dreikantige Blattstiel, das dreiteilige, gefiederte Blatt und die dreigeteilte Endfieder. Seine weißen Blütendolden erscheinen im Juni und Juli und sind ebenfalls essbar.

GRÜNES PÜREE

3 EL Butter
1 kleine Zwiebel
500 g TK-Erbsen
125 ml Vollmilch
2 Handvoll **Gierschblätter,** plus ein paar kleine zum Garnieren
Salz

In einem Topf 2 EL Butter erhitzen. Die Zwiebel schälen, hacken und darin andünsten. Erbsen und Milch zufügen und aufkochen.

Den Giersch bei Bedarf waschen, abtropfen lassen und grob zerkleinern. Zu den Erbsen geben und alles etwa 5 Minuten weiter köcheln lassen.

Mit dem Pürierstab zu einem sämigen Brei mixen. Den Rest der Butter unterziehen und das Püree mit Salz abschmecken. Kleine Gierschblätter zur Dekoration auf dem Püree verteilen. Es eignet sich als Beilage zu Fleischküchle (s. S. 39) und zum Bärenklauknospengemüse (s. S. 79).

GIERSCH-PFANN-KUCHEN-SUPPE

Für die Fleischbrühe:
500 g Suppenfleisch vom Rind
1 Karotte
1 Stange Lauch
1 Pastinakenwurzel
2 TL Salz

Für die Pfannkuchen:
3 Bio-Eier
175 g Mehl
250 g Buttermilch
Salz
2 Handvoll **Gierschblätter**
Öl zum Ausbacken

Das Fleisch kurz abwaschen, trocken tupfen und im Ganzen in einen Topf legen. Das Gemüse waschen, putzen und grob zerkleinern. Gemüse, Salz und 2 l Wasser zum Fleisch in den Topf geben. 1 ½–2 Stunden leise kochen lassen, dann abseihen.
Aus Eiern, Mehl, Buttermilch und etwas Salz einen Pfannkuchenteig anrühren. Den Teig einige Minuten ruhen lassen.
In der Zwischenzeit die Gierschblätter bei Bedarf abspülen, trocken tupfen und fein schneiden.
Etwas Öl in einer Pfanne erhitzen. Die Kräuter unter den Teig rühren und daraus portionsweise im heißen Fett dünne Pfannkuchen ausbacken. Kurz abkühlen lassen, dann aufrollen und in Scheiben schneiden.
Jeweils eine Portion der Pfannkuchenschnecken in einen Suppenteller legen und mit der heißen Brühe übergießen.

GIERSCHNUDELN MIT SPITZWEGERICHKNOSPEN

Für die Gierschnudeln:
400 g Dinkelmehl, plus mehr bei Bedarf
4 Bio-Eier
Salz
1 Handvoll **Gierschblätter**

Für die Spitzwegerichknospen:
50 ml Olivenöl
1 kleine Handvoll geschlossene Spitzwegerichknospen
50 g Parmesan

MEHL ZUM ARBEITEN

Mehl, Eier und 1 TL Salz zu einem elastischen Teig verarbeiten. Sollte er zu fest sein, eine halbe Eierschale voll Wasser zugeben. Ist der Teig zu klebrig, noch etwas Mehl hinzufügen. Den Nudelteig 5 Minuten lang kräftig durchkneten, dann zu einer Kugel formen, mit einer Schüssel abdecken und 30 Minuten ruhen lassen. Die Gierschblätter bei Bedarf waschen und trocken tupfen. Den Teig mit einer Nudelmaschine (es geht auch mit der Nudelwalze) zu dünnen Teigplatten verarbeiten und auf einer mit Mehl bestäubten Arbeitsfläche auslegen. Einzelne Blattfiedern der Gierschblätter abtrennen und auf der Hälfte der Nudelplatten auslegen. Dabei genügend Abstand lassen, damit sich später ein Rand rund um die einzelnen Blätter ergibt. Die restlichen Platten darauflegen und leicht andrücken. Dann nochmals durch die Nudelmaschine drehen. Mit einem Messer rund um die durchschimmernden Kräuter Nudeln ausschneiden und auf einer dünnen Mehlschicht auslegen.
Das Olivenöl in einer kleinen Pfanne erhitzen und die Spitzwegerichknospen darin kurz anbraten. Den Parmesan reiben oder hobeln. Einen großen Topf mit Salzwasser zum Kochen bringen und die Nudeln nacheinander hineingeben. Bei geöffnetem Deckel etwa 4–5 Minuten sprudelnd kochen lassen, dann mit einem Schaumlöffel herausheben.
Zum Servieren mit Spitzwegerichknospen und dem Bratöl beträufeln, den Käse darüberstreuen.

GUNDERMANN

Glechoma hederacea

Gundelrebe oder Guckdurchdenzaun wird diese kriechende Pflanze auch genannt, weil sich ihre langen Triebe überall hindurchwinden und sich großflächig ausbreiten. Die Blättchen erinnern an Herzen und haben einen stumpf gezahnten Rand. Lila Blüten leuchten von April bis Juni. Blätter und Blüten bzw. die blühenden Ranken sind essbar. Anzutreffen ist der Gundermann sowohl auf schattigem wie auch auf sonnigem Rasen, unter Hecken und Gebüsch, also vielerorts. Er ist reich an ätherischen Ölen, die für seinen ganz speziellen Geruch und Geschmack verantwortlich sind – eine kuriose Mischung aus Pfefferminze und Ziege! Diese Kombination sorgt aber dafür, dass er vor allem für Lammfleischgerichte und Bohnen ein harmonisches Gewürz abgibt. Als Würzkraut im Salat sollte die »Soldatenpetersilie«, wie er auch genannt wird, sparsam verwendet werden, sonst schmeckt er vor. Spannend ist, dass er außerdem auch süß zu genießen ist, zum Beispiel als besonderes Aroma in selbst gemachtem Bananeneis.

Außerdem ist das Kraut ein altes Arzneimittel für schlecht heilende Wunden. Und ein Zauberkraut ist der Gundermann obendrein. Mit seinem Duft sollte er böse Geister und Milchzauber abwehren.

FLEISCHKÜCHLE »GUNDERMANN«

1 Semmel vom Vortag
½ Zwiebel
500 g frisches Lammhackfleisch, alternativ Rinderhack
1 Bio-Ei
Salz und Pfeffer aus der Mühle
2 Handvoll **Gundermannranken**
Öl zum Braten

Die Semmel in etwas Wasser einweichen und ausdrücken, sobald sie sich vollgesogen hat. Anschließend etwas zerzupfen. Die Zwiebel schälen und fein hacken. Beides mit Hackfleisch, Ei, Salz und Pfeffer zu einem Fleischteig verkneten.

Den Gundermann bei Bedarf waschen und trocken tupfen. Große Blättchen abzupfen und mit den zarten Sprossspitzen sehr fein schneiden. Das Kraut unter den Fleischteig mengen. Etwas Öl in einer Pfanne erhitzen. Aus der Masse Fleischküchle formen und portionsweise im heißen Fett herausbraten.

Als Beilage eignen sich Grünes Püree (s. S. 34), »Hopfenspargel« in Biersauce (s. S. 45) oder Bärenklauknospengemüse (s. S. 79).

Damit die Fleischküchle innen gut durchbraten, ohne außen zu verbrennen, formen Sie am besten flache Küchle, die eher an »Burger« erinnern.

»GUNDELHUPF«

300 g Butter
300 g Zucker
4–5 Bio-Eier
300 g Mehl
4 Handvoll blühende **Gundermannranken**
etwas Zucker
dunkle Schokoladenglasur

1 SPRINGFORM (28 CM Ø) MIT ROHR-BODENEINSATZ
FETT FÜR DIE FORM

Den Backofen auf 200 °C (Ober-/Unterhitze) vorheizen. Butter und Zucker schaumig rühren. Die Eier trennen, das Eigelb unter die Buttermasse rühren. Nach und nach Mehl dazugeben und gut vermengen.

Den Gundermann bei Bedarf waschen und trocken tupfen. Blättchen und Blüten abzupfen, mit etwas Zucker im Blitzhacker zerkleinern und unter den Teig rühren. Das Eiweiß steif schlagen und unterheben.

Den Teig in eine gefettete Form füllen und ca. 60 Minuten im Ofen backen. Nach dem Erkalten die Schokoglasur im warmen Wasserbad schmelzen und den Kuchen damit überziehen.

Tipp
Eine hübsche Dekoration für Kuchen und andere Süßspeisen sind schokolierte Gundermannblättchen und -ranken. Dafür die frischen Kräuter vorsichtig durch flüssige Schokolade ziehen und etwas abtropfen lassen. Auf Backpapier, am besten im Kühlschrank, fest werden lassen.

KRÄUTERLIMONADE

15 Gierschblätter, plus mehr zum Garnieren
5 Stängel Zitronenmelisse, plus mehr zum Garnieren
5 **Gundermannranken**, plus mehr zum Garnieren
1 l Apfelsaft
1 l Mineralwasser

(ERGIBT CA. 2 L)

Die Kräuter bei Bedarf waschen und trocken schütteln, dann zu einem Sträußchen binden, in ein Gefäß geben, mit dem Apfelsaft übergießen und etwas durchdrücken. An einem kühlen Ort zugedeckt über Nacht ziehen lassen.
Am nächsten Tag die Kräuter nochmals durchdrücken, dann herausnehmen und die Limonade durch ein feines Sieb in eine Glaskaraffe filtern. Mit Mineralwasser auffüllen und ein paar frische Blätter, Stängel und Ranken der Kräuter hineingeben.

Besonders erfrischend schmeckt die Kräuterlimonade, wenn Sie eisgekühltes Mineralwasser verwenden. Wenn Sie es eher süß mögen, können Sie auch das Wasser weglassen und stattdessen nur Eiswürfel in der gewünschten Menge hinzufügen.

WAS
STECKT
DRIN?
Von
Vitaminen &
Vitalstoffen

Wildkräuter und -gemüse haben einen hohen gesundheitlichen Wert, denn sie enthalten viele lebenswichtige Stoffe wie Mineralsalze, Vitamine, Ballaststoffe und Eiweiß. Davon sogar deutlich mehr als Kulturgemüse. In nahezu allen Werten von Kalium-, Phosphor-, Magnesium-, Calcium-, Eisen- und Eiweißgehalt schneiden wilde Pflanzen im Durchschnitt wesentlich besser ab als die gezüchteten Vertreter. Ein paar Beispiele, die Sie sicher überraschen:
Eines der eisenreichsten Kulturgemüse ist bekanntlich der Spinat (4,1 mg Mineralstoffgehalt in 100 g essbarem Anteil) – Schlangenknöterich liegt fast gleich (3,9 mg), doch das Franzosenkraut enthält ungefähr dreieinhalb Mal so viel Eisen (14 mg). Spitzenreiter in Sachen Calcium ist bei den Kulturpflanzen der Grünkohl (212 mg), die wilde Brennnessel dagegen überzeugt gleich mit der dreifachen Menge (630 mg).
Der Vitamin C-Gehalt ist bei den wilden Gewächsen im Durchschnitt fast fünfmal so hoch! Wer hätte gedacht, dass das Gänsefingerkraut (402 mg) dem Rosenkohl (114 mg) haushoch überlegen ist? Auch der Giersch (201 mg) liegt noch darüber. Ähnliches gilt für den Provitamin A (Carotin)-Gehalt. Spitzenreiter bei den Wildkräutern ist hier der Rotklee (1156 mg), der etwa doppelt so viel davon enthält wie Mangold (590 mg). An die Karotte (2000 mg) kommt allerdings auch kein Wildkraut heran. Doch das ist die Ausnahme.
Ähnlich eindrucksvoll sind die Werte an Reineiweißgehalt. Beim Kulturgemüse ist auch hier wieder der Grünkohl an der Spitze (3 g pro 100 g essbarem Anteil). Auf knapp die doppelte Menge bringt es die Brennnessel (5,9 g) und mehr als das Doppelte liefert die Wegmalve (7,2 g).*
All diese Zahlen belegen zum einen, wie wertvoll gerade all die Pflanzen für uns sind, die gerne als »Unkraut« abgestempelt werden, und zum anderen, dass es gar nicht nötig ist, große Mengen an Wildkräutern zu essen, sondern dass sie unsere »normalen« Speisen sehr gut aufwerten können. Ein Esslöffel davon kann schon genügen.
Zu den Mineralien und Vitaminen kommen aber auch noch spezielle sekundäre Pflanzenstoffe, die dem Menschen gesundheitlich besonders nützen. Da sind zum Beispiel wieder die Bitterstoffe. Sie regen den Appetit an und fördern die Verdauung. In der Küche spielen ätherische Öle eine sehr große Rolle. Rosenblütenblätter, Gundermannblättchen oder Dost sind voll davon. Sie bescheren uns nicht nur eine Vielzahl köstlicher Geschmacks- und Duftstoffe, sie können auch Keime hemmen oder bei Blähungen helfen. Viele Wildpflanzen enthalten Lauchöle wie der Bärlauch. Damit bewegen wir uns schon im Bereich der Pflanzenmedizin. Denn diese Inhaltsstoffe machen manche Kräuter nicht nur würzig, sondern sogar zum Heilmittel. Sie wirken cholesterinsenkend, gegen Arterienverkalkung, antibakteriell und anderes mehr. Die meisten Wildkräuter haben mindestens eine Heilwirkung, wenn nicht sogar mehrere!
Leider enthalten einige Wildpflanzen auch allergieauslösende Stoffe. Beifuß kann durch seine Pollen Allergien verursachen. Johanniskraut und Wiesenbärenklau können bewirken, dass die Haut besonders lichtempfindlich wird und leicht Verbrennungen erleidet. Hier sollte man beim Sammeln achtsam sein. Und Pflanzen können natürlich auch Giftstoffe enthalten. Jeder, der in der Natur sammeln geht, sollte daher über Giftpflanzen Bescheid wissen.

*(Quelle: Broschüre 2521 »Wildgemüse«, herausgegeben vom Auswertungs- und Informationsdienst für Ernährung, Landwirtschaft und Forsten e.V., Bonn, 1995)

HOPFEN

Humulus lupulus

Er erklimmt stattliche Höhen von bis zu zwölf Metern und ist mit seinem Wachstum von 30 Zentimetern pro Tag ein echter Klettermaxe! Man findet ihn an Bäumen und Sträuchern entlang von Bachläufen sowie in Auwäldern. Seine Triebe haben kleine Klimmhäkchen, mit denen er sich beim Hinaufwinden »festhält«. Die Blätter sind dunkelgrün, handgroß und stark eingebuchtet. Es gibt männliche und weibliche Pflanzen, wobei nur die Zapfen, also die Blütenstände der weiblichen Blüten, begehrt sind. Sie werden nämlich beim Bierbrauen verwendet. Mit ihren Bitterstoffen, Ölen und Harzen würzen sie den Gerstensaft und machen ihn zudem auch noch haltbar. Vor weit über 1000 Jahren waren Mönche die ersten, die Hopfen ins Bier mischten.

Doch nicht nur in flüssiger Form lässt er sich genießen. Man kann sowohl seine weißen, unter der Erde liegenden Wurzeltriebe als auch die oberirdischen grünen Spitzen der Ranken wie Spargel zubereiten. Sie schmecken leicht bitter und etwas würzig. Und auch als Heilmittel lässt sich der Hopfen nutzen. Um innere Unruhe, Schlaflosigkeit und Angstzustände zu vertreiben, hilft ein Tee aus den Zapfen.

Die kleinen, weichen Hopfenzapfen sind die weiblichen Blütenstände. Sie wirken beruhigend in Bier und Tee oder auch in einem Schlafkissen.

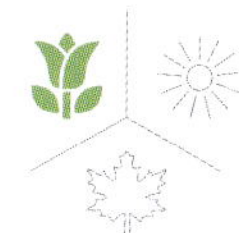

»HOPFENSPARGEL« IN BIERSAUCE

30–40 junge **Hopfentriebe** (die vordersten 10 cm der grünen, maximal 1 m langen Ranken)
Salz
1 EL Butter
1 EL Mehl
125 ml Vollmilch
125 ml dunkles Bier (z. B. »Schwarze Anna« aus Forchheim)
Pfeffer aus der Mühle
frisch geriebene Muskatnuss
Zucker

Die Hopfentriebe bei Bedarf waschen, abtropfen lassen und zu 4 Bündeln zusammenbinden. In kochendem Salzwasser 10–15 Minuten garen, bis sie weich, aber noch bissfest sind, dann abgießen und warm halten. Die Butter in einem Topf zerlassen und mit Mehl bestäuben. Unter Rühren so lange anschwitzen, bis sich keine Blasen mehr bilden. Dann die Milch einrühren, aufkochen und eindicken lassen.
Anschließend das Bier hinzugießen und nochmals aufkochen, dabei ständig umrühren. Mit Salz, Pfeffer, Muskat und Zucker abschmecken.
Zum Schluss die Hopfentriebe in die Sauce legen und servieren.
Hopfenspargel kann als Beilage zu Fleischküchle (s. S. 39) gereicht werden. Zusammen mit Grünem Püree (s. S. 34) haben wir ein komplettes Gericht.

Sie müssen kein Schwarzbier verwenden; auch andere dunkle Biersorten passen zu diesem Rezept. Wichtig ist vor allem die malzige, leicht süße Note, damit der bittere Geschmack des Hopfens nicht dominiert.

KNOBLAUCHSRAUKE

Alliaria petiolata

Wie ihr Name schon verrät, kann die Knoblauchsrauke mit ihrem speziellen Aroma, aber einem entscheidenden Vorteil punkten: Nach dem Genuss verbreitet man keinen Knoblauchgeruch! Sie ist das perfekte Gewürz für Kräuterbutter und -quark oder in frischem Salat. Köstlich schmeckt ein frisches Pesto aus den Blättern. Eigentlich würzt sie alles, wofür man auch Knoblauch verwenden würde, nur nicht so intensiv. Durch Kochen verliert sie etwas an Aroma. Deshalb kommt sie als Füllung in die Grießnockerl hinein. Im Mittelalter, als Salz noch ein kostbares Gewürz war, galt die Knoblauchsrauke als »Salz der armen Leute«.

Sie ist ein typisches Frühlingskraut, das gerne unter Hecken oder am schattigen Waldrand wächst. Ihre Gestalt hat eine Besonderheit: Die Blätter am Boden bilden ein »Nest« aus herzförmigen Blättern mit stumpf gezahntem Rand. Je weiter oben am Stängel die Blätter wachsen, desto spitzer läuft nicht nur die Blattspreite, also die Fläche des Blattes, zu, sondern auch die kleinen »Zähne« am Rand werden zackiger. Die Knoblauchsrauke gehört zu den Kreuzblütlern und bildet am Sprossende einen weißen Blütenstand. Gleichzeitig entwickeln sich oft schon die Früchte, die die Form von Schoten aufweisen. Alles an diesem Frühlingskraut ist essbar, doch nach der Blüte lässt das Aroma deutlich nach. Dieses kommt von den Senfölen in der Pflanze. Damit hat sie eine ähnliche, wenn auch schwächere Wirkung als der »große Bruder« Knoblauch. Zur Entschlackung bei Frühjahrskuren ist sie gut geeignet.

SCHNITZEL MIT KRÄUTERKRUSTE UND LÖWENZAHN-KARTOFFEL-SALAT

Für die Schnitzel:

30 g Butter
30 g geriebener Parmesan
30 g Semmelbrösel
1 Handvoll **Knoblauchsraukeblätter**
Salz und Pfeffer aus der Mühle
Öl zum Braten
4 Kalbsschnitzel

Für den Kartoffelsalat:

1 kg festkochende Kartoffeln
1 Handvoll Löwenzahnblätter
1 Handvoll Löwenzahnblüten mit Stiel
1 Zwiebel
150 ml Fleischbrühe
6 EL Essig
2 EL Öl
1 EL mittelscharfer Senf
Salz und Pfeffer aus der Mühle

Den Backofen auf 200 °C (Ober-/Unterhitze) vorheizen. Die Butter schmelzen. Den Parmesan und die Semmelbrösel untermischen. Die Knoblauchsrauke bei Bedarf waschen und trocken schütteln. Die Blätter sehr fein schneiden und unter die Masse heben. Mit Salz und Pfeffer würzen. Etwas Öl in einer Pfanne erhitzen und die Schnitzel von jeder Seite ca. 1 Minute kräftig anbraten. Das Fleisch nebeneinander auf ein mit Backpapier ausgelegtes Backblech legen und die Kräutermischung gleichmäßig darauf verteilen. Etwa 8–10 Minuten im Ofen überbacken.

Für den Salat die Kartoffeln gar kochen, dann pellen und noch warm in Scheiben schneiden. Die Löwenzahnblätter verlesen, bei Bedarf waschen, trocken tupfen und in Streifen schneiden. Die Blütenstiele in Ringe schneiden, die Blüten beiseitelegen. Die Zwiebel schälen und fein würfeln. Diese Zutaten in einer Schüssel miteinander mischen. Die Brühe erhitzen, dann aus Brühe, Essig, Öl und Senf ein Dressing anrühren. Mit Pfeffer und Salz würzen und unter den Salat heben. Die Löwenzahnblüten auszupfen und die eine Hälfte unter den Salat mischen, den Rest darüberstreuen.

GEFÜLLTE GRIESSNOCKERL MIT KNOBLAUCHSRAUKE

70 g weiche Butter
2 Bio-Eier
185 g Dinkelgrieß
Salz und Pfeffer aus der Mühle
frisch geriebene Muskatnuss
2 Handvoll **Knoblauchsraukeblätter**
2 EL geriebener Parmesan
2 EL Schmand
2 Karotten
1 ¾ l Gemüsebrühe

Die Butter mit Eiern, Grieß, Salz, Pfeffer und Muskat verrühren. Die Knoblauchsrauke bei Bedarf waschen, trocken tupfen und fein schneiden. Die Hälfte davon unter die Grießmasse mengen und alles 15 Minuten quellen lassen. Die restliche Knoblauchsrauke für die Füllung in ein extra Gefäß geben. Zusammen mit Parmesan und Schmand mit dem Pürierstab zu einer geschmeidigen Masse pürieren.

Die Karotten putzen, schälen und in dünne Streifen schneiden. Die Brühe aufkochen. Mit einem Esslöffel Nockerl von der Grießmasse abstechen, ein Loch in die Mitte drücken und etwas von der Knoblauchsraukefüllung hineingeben. Mit Grießmasse abdecken und die Ränder verstreichen.

Die gefüllten Nockerl in die kochende Brühe legen und die Möhren dazugeben. Die Temperatur zurückschalten und bei geschlossenem Deckel etwa 20 Minuten sieden lassen. Die Suppe anschließend mit den Grießnockerln servieren.

LINDE
Tilia platyphyllos

An ihren herzförmigen Blättern kann man die Linde gut erkennen. Auch ihre Blütenstände haben eine ganz charakteristische Form: Auf einem Stiel am hellgrünen Zungenblatt sitzen die kleinen Blütenköpfchen. Im Juni verströmen sie ihren honigsüßen Duft und die Baumkrone summt von Tausenden von Bienen.
Früher war die Dorflinde das Zentrum des öffentlichen Lebens, ja es wurde in den sogenannten Tanzlinden sogar auf einer gezimmerten Plattform mitten in ihrer Krone getanzt und Kirchweih gefeiert. Heute gibt es Linden überall, in der Natur, aber auch in Städten und Parks.

Nahezu alles von diesem Laubbaum kann man verwerten. Am bekanntesten ist sicher der schweißtreibende Lindenblütentee bei Erkältung. Doch in alten Zeiten galt die Linde auch als Nahrungsbaum. Die Blatt- und Blütenknospen wurden geerntet, um Mehl damit zu strecken. Aus der frischen Rinde von jungen Ästen kann man sogar Linden-»Spaghetti« kochen!
Die jungen, noch weichen Blätter sammelt man bis zur Blütezeit; danach sind sie meistens zu zäh. Sie schmecken saftig und gar nicht bitter. Deshalb sind sie perfekt für einen wohlschmeckenden wilden Blattsalat oder auch für ein ungewöhnliches Caprese.

WILDER BLATTSALAT

3 große Handvoll junge, zarte **Lindenblätter**
1 Handvoll junge, zarte Eichenblätter
2 EL Honig
2 EL Senf
2 EL Essig
1 EL Öl
Salz und Pfeffer aus der Mühle

Die Blätter bei Bedarf waschen und trocken tupfen, einige davon beiseitelegen. Große Blätter halbieren oder vierteln. Aus Honig, Senf, Essig, Öl, Salz und Pfeffer ein cremiges Dressing anrühren und unter die Blätter heben. Mit restlichen Linden- und Eichenblättern dekorieren.

Auch die Blätter von Buche, Ahorn, Birke, Weide, Ulme, Hasel und Lärche sind essbar! Für einen Salat nur die ganz jungen und zarten Blätter verwenden.

LÖWENZAHN
Taraxacum officinale

Wer bei Löwenzahn sofort an bitter denkt, hat recht. Das wilde Kraut ist besonders reich an Bitterstoffen. Doch die sind bekanntlich sehr gesund für unser Verdauungssystem. In geringen Mengen regt Löwenzahn den Appetit an, isst man mehr davon, unterstützt er Leber und Galle und entwässert. Mit seiner Kombination aus vielen wertvollen Pflanzenstoffen wirkt er tonisierend auf den ganzen Körper. Eine Frühjahrskur mit Tee von seinem Kraut macht fit und kurbelt den Stoffwechsel an.

Löwenzahn kommt vor allem auf nährstoffreichen Böden und am Wegesrand vor. Jeder kennt seine stark gezahnten Blätter, die in kräftigen Blattrosetten wachsen und ihm wohl seinen Namen gaben. Die Blüten zeichnen sich durch ihre gelbe »Löwenmähne« aus. Er ist eine geniale Pflanze, deren sämtliche Teile man in der Küche gut verwenden kann. Die Blätter als Salat mit einer Kombination aus süßlichen Zutaten ist hier als Kontrast sehr reizvoll. Aus den goldgelben Blüten, die von April bis Juli Wiesen und Weiden strahlen lassen, lässt sich Sirup oder Löwenzahnhonig herstellen. Die Blütenblätter schmücken auch die verschiedensten Speisen. Die Knospen lassen sich wie Kapern einlegen und selbst die Stiele mit ihrem weißen Milchsaft kann man essen. Auch die dicke Pfahlwurzel lässt sich nutzen: fein geraspelt im Salat, als Gemüse oder dunkelbraun geröstet als schmackhafter Kaffeeersatz ganz ohne Koffein.

Freude macht der Löwenzahn vor allem Kindern, die ihn als Pusteblume oder als Orakel benutzen. Und er kann noch mehr: Sein Milchsaft wird als Kautschukersatz für die Herstellung von Autoreifen erforscht.

Auch im Ganzen kann man die Blüten selbstverständlich mitessen!

LÖWENZAHNSALAT

4 Handvoll junge
Löwenzahnblätter
4 getrocknete Softfeigen
50 ml Olivenöl
30 ml dunkler Balsamicoessig
1 TL Senf
Salz
einige **Löwenzahnblüten**

Die Löwenzahnblätter waschen und trocken schütteln. Große Blätter in gabelfertige Stücke schneiden. Die Feigen sehr fein hacken und mit Olivenöl, Balsamico, Senf und Salz zu einer Sauce verrühren. Etwas ruhen lassen, dann unter den Löwenzahn heben. Die Löwenzahnblüten auszupfen und die Blütenblätter über den Salat streuen. Wer mag, kann auch die ganzen Blütenköpfe zur Dekoration daraufsetzen.

Anstelle von Feigen können Sie auch mit anderen Trockenfrüchten wie Aprikosen oder Birnen experimentieren – Hauptsache süß! Denn dieser Salat lebt vom Kontrast.

KRÄUTERSALZ

ca. 2 Handvoll gemischte frische Wildkräuter (z. B. Bärlauch, Beifuß, Dost, Gundermann, Knoblauchsrauke, **Löwenzahn**, Quendel, Sauerampfer, Schafgarbe, Spitzwegerich, Steinklee, Taubnessel, Wiesenkümmel, Wiesensalbei, Wiesenschaumkraut, Wilde Möhre – nach Belieben)
ca. 1 Tasse Natursalz (z. B. Steinsalz, Meersalz)

Die Kräuter bei Bedarf waschen und trocken tupfen. Die Blättchen abzupfen, größere Blätter etwas zerkleinern. Kräuter und Salz im Mixer fein vermahlen. So viele Kräuter verwenden, dass das Salz eine schöne grüne Farbe bekommt.
Das frische Salz auf einem Backblech etwa 1 cm dick ausstreichen und bei max. 50 °C (Umluft) im Backofen trocknen. Dabei die Tür einen Spalt breit geöffnet lassen, damit die Feuchtigkeit abziehen kann. Wenn die Oberfläche hart ist, das Salz mit einem Holzspatel auflockern, mischen und nochmals in den Backofen schieben, bis es trocken ist. Das Salz erneut durchmischen und in Gläser abfüllen.

WILDKRÄUTERSALAT MIT WILDFRÜCHTEDRESSING

4 große Handvoll gemischte junge Wildkräuterblätter (z. B. Giersch, Brennnessel (s. TIPP S. 23), Gänseblümchen, Knoblauchsrauke, Schafgarbe, Spitzwegerich, **Löwenzahn**)
Kopf- oder Feldsalat (nach Belieben)
2 EL Wildfrüchteessig (s. S. 189)
8 EL Haselnussöl
Kräutersalz (s. S. 56)
Pfeffer aus der Mühle
Blüten von Gänseblümchen und Giersch sowie ausgezupfte Ringelblumen- und **Löwenzahnblütenblätter** zur Dekoration

Die Wildkräuterblätter bei Bedarf waschen und trocken tupfen. Grobe Stiele entfernen und große Blätter in mundgerechte Stücke schneiden.
Wem das zu »kräuterig« ist, der kann zusätzlich Kopf- oder Feldsalat untermischen. Alle Blätter in eine Schüssel geben. Essig, Öl, Salz und Pfeffer mit dem Schneebesen zu einem cremigen Dressing verrühren und unter die Kräuter heben. Blüten und ausgezupfte Blütenblätter darüberstreuen.

QUENDEL

Thymus pulegioides

Quendel ist der einheimische wilde Thymian, der einen würzigen Duft verströmt. Seine rosa Blüten öffnen sich von Juni bis Oktober. Die unten holzigen Zweige mit den kleinen, ovalen Blättchen bilden dichte Polster, die sich vor allem auf Magerrasen, an sonnigen Böschungen und warmen, sandigen Standorten ausbreiten.

Thymian ist ein wichtiger Bestandteil der Kräutermischung »Herbes de Provence« und ein Klassiker in der mediterranen Küche, der auch zu Tomaten- und Käsegerichten sehr gut passt. Gleichzeitig gehören die abgestreiften Thymianblättchen zu den wichtigsten Heilkräutern, vor allem der Atemwege.
Aber auch bei Verdauungsbeschwerden leisten sie gute Dienste. Somit eignet sich Thymian in der Küche gut als Gewürz schwerer Speisen wie Schäufele mit fetter Kruste. Anders als der Kümmel sorgt er für eine frisch-würzige Note, die Löwenzahn und Spitzwegerich gut ergänzen.

WILDES SCHWEINESCHÄUFELE

Pro Person:

750 g Schweineschulter mit Knochen und Schwarte
4 Zweiglein **Quendel**
1 Handvoll Wiesenschaumkrautblätter und -blüten
einige Blätter Löwenzahn
einige Blätter Spitzwegerich
Salz
½ TL Pfeffer
½ TL Kümmelfrüchte
220–250 ml heißes Wasser
1 mittelgroße Zwiebel

Das Fleisch trocken tupfen. Die Schwarte mit einem scharfen Messer rautenförmig einschneiden. Die Kräuter bei Bedarf waschen und trocken schütteln. Die Quendelblättchen von den Stielen abstreifen. Die anderen Kräuter klein schneiden und zusammen mit 1 TL Salz, Pfeffer und Kümmel im Mörser zu einer Paste verarbeiten. Das Fleisch mit Ausnahme der Schwartenseite rundum mit der Paste bestreichen und diese etwas »einmassieren«. Dann 1–2 Stunden im Kühlschrank ruhen lassen.
Den Backofen auf 220 °C (Ober-/Unterhitze) vorheizen.
Die Schwarte mit Salz bestreuen und das Schäufele mit der Schwarte nach oben auf ein tiefes Backblech setzen. Einen Schöpflöffel heißes Wasser angießen und den Braten auf der mittleren Schiene für 30 Minuten in die Röhre schieben. Zwischendurch immer wieder mit der Bratflüssigkeit begießen.
Die Zwiebel schälen, in Spalten schneiden und zum Fleisch geben. Das restliche heiße Wasser zufügen. Die Temperatur auf 180 °C reduzieren. Das Fleisch auf der untersten Schiene weiterbraten, dabei alle 20–30 Minuten mit der Sauce begießen. Nach etwa 3 Stunden Gesamtbratzeit ist das Fleisch gar.
Das Schäufele herausnehmen und warmhalten. Die Sauce mit den Zwiebeln pürieren, abschmecken und eventuell nachwürzen. Das Schäufele mit der Sauce auf vorgewärmten Tellern anrichten und mit Klößen servieren.

BRENNNESSEL
Urtica dioica

LÖWENZAHN
Taraxacum officinale

BEINWELL
Symphytum officinale

LINDE
Tilia platyphyllos

GIERSCH
Aegopodium podagraria

KNOBLAUCHSRAUKE
Alliaria petiolata

BÄRLAUCH
Allium ursinum

SAUERAMPFER

Rumex acetosa

Spießförmig zulaufende Blätter mit je einem Zipfelchen rechts und links des Stängels, die wie kleine Schwalbenschwänze abstehen, sind typische Kennzeichen für den Wiesensauerampfer. Zur Blütezeit von Mai bis Juli erheben sich seine rötlich schimmernden Blütenstände über die anderen Wiesenpflanzen. Er wächst gern auf nährstoffreichen Böden und mag Fett-, aber auch Magerwiesen und Weiden. Der Geschmack seiner Blätter ist säuerlich und frisch. Das rührt von seinem hohen Gehalt an Vitamin C – roh fast so viel wie Zitronen – und Oxalsäure. Genau wie Rhabarber soll er wegen der Oxalsäure nicht in großen Mengen gegessen werden. Bei Durst hilft es, ein paar Blätter zu kauen.

Sauerampfer wurde schon im alten Griechenland und Rom als Wildgemüse zu fetten Speisen gereicht. Gourmets in Frankreich und Belgien schätzen eine cremige Ampfersuppe, die aber auch hierzulande schon lange auf den Tisch kommt. In der Volksheilkunde gilt der Sauerampfer als entschlackend und stoffwechselanregend. Im Rahmen einer Frühjahrskur kann man täglich einige Blätter essen, zum Beispiel im Salat.

SAUERAMPFERSUPPE

4 Bio-Eier
2 mittelgroße mehligkochende Kartoffeln
2 EL Butter
800 ml Gemüsebrühe
4 Handvoll **Sauerampferblätter**
4 EL Sahne
4 EL Weißwein
Salz und Pfeffer aus der Mühle, bei Bedarf

Die Eier hart kochen, pellen und vierteln. Für die Suppe die Kartoffeln schälen und in Würfel schneiden. Die Butter in einem Topf erhitzen und die Kartoffelwürfel darin anschwitzen. Mit der Brühe aufgießen und die Kartoffeln weich kochen.

Den Sauerampfer bei Bedarf waschen, grob zerkleinern und in die Suppe geben. Alles mit dem Pürierstab mixen und vom Herd nehmen.

Die Suppe mit Sahne und Weißwein abschmecken. Bei Bedarf mit Salz und Pfeffer nachwürzen. Zum Schluss die Eierviertel hineinsetzen und servieren.

Wer die säuerlich-frische Geschmacksnote unterstreichen möchte, kann anstatt Sahne auch Schmand oder saure Sahne verwenden. Vegan wird die Suppe durch Hafersahne und durch das Weglassen der Eier.

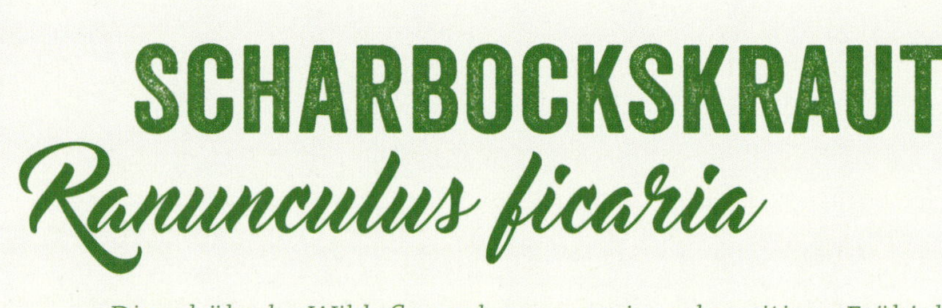

SCHARBOCKSKRAUT

Ranunculus ficaria

Diese hübsche Wildpflanze kann man im sehr zeitigen Frühjahr schon unter dem Herbstlaub an feuchten Stellen, Flüssen und Bächen entdecken. Sie gilt als echte Vitamin C-Bombe. Ihr merkwürdiger Name rührt aber nicht etwa daher, dass Ziegen oder Schafe das Kraut zum Fressen gern haben. Er kommt von der in der Umgangssprache »Scharbock« genannten Mangelerkrankung Skorbut. Sie befällt Menschen, die zu wenig von diesem Vitamin zu sich nehmen. Das wusste man auch schon in früheren Jahrhunderten. Deshalb sollen auch Matrosen das Scharbockskraut bei ihren monatelangen Überfahrten gleich fässerweise mit an Bord genommen haben.

Erkennen kann man das Kraut an den kräftig grün glänzenden Blättern, die eine leichte Herzform und einen stumpf gezahnten Rand aufweisen. Sie geben nicht nur Suppe eine leuchtende Farbe, sondern färben auch Kuchenteig kräftig grün. Roh gegessen schmecken die Blätter frisch, knackig und ganz leicht scharf. Die Blüten strahlen gelb wie kleine Sonnen. Auch sie glänzen wie gelackt. Doch Achtung beim Sammeln dieser Frühlingsdelikatesse: Sobald sie blüht, reichern sich giftige Stoffe in der Pflanze an und sie sollte dann nicht mehr gegessen werden! Es ist also nur ein kurzer Zeitraum, in dem man sie genießen kann.

FRÜHLINGSKUCHEN

4 Handvoll **Scharbockskrautblätter** mit Stiel
250 g Butter
250 g Zucker
1 Pck. Vanillezucker
4 Bio-Eier
500 g Mehl
1 Pck. Backpulver
Puderzucker
etwas Rote-Bete-Saft

1 SPRINGFORM (28 CM Ø) MIT ROHRBODENEINSATZ
FETT FÜR DIE FORM

Den Backofen auf 180 °C (Ober-/Unterhitze) vorheizen.
Das Scharbockskraut verlesen und bei Bedarf waschen.
Mit wenig Wasser im Topf wie Spinat zusammenfallen lassen und pürieren.
Die Springform einfetten. Butter, Zucker, Vanillezucker und Eier schaumig rühren. Nach und nach Mehl und Backpulver dazugeben und unterheben.
Die Hälfte des Teigs in die Form füllen. Das erkaltete Scharbockskraut unter den restlichen Teig rühren, dann ebenfalls in die Form geben und 50–60 Minuten im Ofen backen. Nach dem Erkalten den Puderzucker mit Rote-Bete-Saft zu einer Glasur anrühren und den Kuchen damit überziehen.

FRÜHLINGSKUCHEN
Scharbockskraut-
blätter
S. 65

SPITZWEGERICH-
PILZ-GULASCH
MIT BREZENKNÖDELN
Spitzwegerich-
blätter
S. 69

SPITZWEGERICH

Plantago lanceolata

Wiesenkönig wird er oft genannt, und das trifft sogar in mehrfacher Hinsicht auf ihn zu. Zum einen bilden ab Mai seine weißen Staubgefäße tatsächlich eine Krone um das dunkelbraune Haupt, zum anderen kann man ihn einen »König der Heilpflanzen« nennen. Bereits seit Jahrtausenden wird der Spitzwegerich als Heilkraut verwendet. Er galt früher als »Antibiotikum der armen Leute«, doch auch heute noch ist der Spitzwegerich mit seiner antibakteriellen, desinfizierenden, wundheilenden und leicht schmerzstillenden Wirkung ein Heilmittel für unterwegs. Bei Insektenstichen oder kleinen Kratzern hilft der ausgedrückte Saft aus seinen Blättern schnell. Außerdem ist er ein gutes Mittel gegen quälenden Hustenreiz. Man findet ihn meistens auf Fettwiesen, Ödflächen und am Wegesrand.

Essbar sind seine oben spitz zulaufenden, schmalen Blätter, aber auch die kleinen, schwarzen Blütenknospen. Beides überrascht mit einem ganz speziellen Aroma nach frischen Champignons. Das macht Spitzwegerich zum idealen Begleiter von Pilzgerichten, die er nicht nur geschmacklich ergänzt, sondern auch durch seine wertvollen Inhaltsstoffe aufwertet. Auch als Würzkraut in Salat, Quark oder Kräuterbutter macht er sich gut. Man kann ihn im Frühling wie auch den ganzen Sommer über ernten.

SPITZWEGERICH-PILZ-GULASCH MIT BREZENKNÖDELN

Für das Gulasch:
600 g weiße Champignons
1 Zwiebel
1 Bund **Spitzwegerichblätter**
je 2 EL Olivenöl und Butter
2 EL Vollkornmehl
150 ml Gemüsebrühe
100 ml Weißwein
150 g Sahne
½ TL edelsüßes Paprikapulver
Salz und Pfeffer aus der Mühle

Für die Brezenknödel:
200 ml Vollmilch
3 Dinkelvollkorn-Laugenbrezen vom Vortag
1 kleine Zwiebel
2 EL gemischte Wildkräuter (z. B. Spitzwegerich, Giersch,Brennnessel)
25 g Butter
2 Bio-Eier
4–5 EL Dinkelvollkornmehl
frisch geriebene Muskatnuss
Salz und Pfeffer aus der Mühle

Für das Gulasch die Pilze putzen und vierteln. Die Zwiebel schälen und fein hacken. Den Spitzwegerich in feine Streifen schneiden. Öl und Butter in einer Pfanne erhitzen und die Zwiebelwürfel darin glasig dünsten. Die Pilze 10 Minuten mitschmoren. Das Mehl darüberstäuben, die Brühe angießen. Den Wein zugeben und alles etwas einkochen lassen. Sahne und Spitzwegerich (ein wenig Grün zurückbehalten) unter das Pilzgulasch rühren und einmal kurz aufkochen. Mit Paprikapulver, Salz und Pfeffer würzen.

Für die Knödel die Milch vorsichtig erhitzen. Die Brezen in Scheiben schneiden und in einer Schüssel mit der heißen Milch übergießen. Zugedeckt 10 Minuten durchziehen lassen. Die Zwiebel schälen und hacken. Die Wildkräuter fein schneiden. Die Butter in einer Pfanne zerlassen und die Zwiebel darin andünsten. Die Wildkräuter unterrühren. Die Mischung zur Brezenmasse geben. Anschließend Eier, 4 EL Mehl sowie die Gewürze unterheben und 10 Minuten ruhen lassen. Falls der Teig zu klebrig ist, noch etwas Mehl untermischen. In einem großen Topf reichlich Salzwasser zum Kochen bringen. Den Teig mit angefeuchteten Händen zu 8 kleinen Knödeln formen und 20 Minuten im Salzwasser sieden lassen.

Die Knödel zusammen mit dem Spitzwegerich-Pilz-Gulasch anrichten und mit etwas Spitzwegerich garnieren.

TAUBNESSEL

Lamium album

Ihre Blätter sehen der der Brennnessel zum Verwechseln ähnlich, doch diese Nessel ist »taub« – sie brennt nicht. Sie gehört zur Familie der Lippenblütler und hat große, weiße Blüten, die sich quirlförmig um den kantigen Stängel gruppieren. Tief in ihrem Kelch enthalten sie einen sehr süßen Nektar, den besonders Hummeln gerne schlürfen. Die Blüten sind eine schöne, essbare Dekoration auf Salaten, aber auch auf Süßspeisen. In der Volksheilkunde gelten die ausgezupften weißen Blüten als sanftes Heilmittel bei Hals- und Rachenentzündung sowie bei Frauenleiden.

Man findet die Taubnessel am Weges- und Waldrand, an Hecken und Mauern, überall da, wo der Boden sehr nährstoffreich ist.
Im Frühjahr kann man das ganze blühende Kraut ernten, es ergibt ein schmackhaftes Wildgemüse. Bis in den Herbst hinein lassen sich noch die oberen, zarten Blätter in der Küche verwenden. Die Pflanze ist würzig und schmackhaft. Sie passt deshalb bestens zu Fisch, verleiht ihm Geschmack und ist grüne Beilage zugleich.

Die Taubnesselblätter haben keine Brennhaare, sie fühlen sich weich an. Doch die Form lässt Brennnesseln vermuten. Ein Blick auf die großen, weißen Lippenblüten macht optisch den Unterschied deutlich.

Eine vegane Kräuterspezialität wird daraus, wenn man Quark und Sahne durch Lupinen- oder Sojajoghurt ersetzt.

ERDÄPFEL-KRÄUTER-KÄS

1 Handvoll blühendes **Taubnesselkraut**
200 g mehligkochende Kartoffeln
½ kleine Zwiebel
50 g Quark
50 g Sahne
Kräutersalz (s. S. 56)
Pfeffer aus der Mühle

Die Taubnesselblüten auszupfen, die Blätter waschen und fein schneiden. Die Kartoffeln weich kochen, pellen und durch die Kartoffelpresse drücken. Die Zwiebel schälen, fein hacken und mit den Taubnesselblättern zu den Kartoffeln geben.
Quark und Sahne verrühren und so viel davon unter die Kartoffel-Kräuter-Mischung rühren, dass eine streichfähige Masse entsteht.
Zum Schluss mit Kräutersalz und Pfeffer würzen und mit den ausgezupften Blüten garnieren. Dazu passt Bauernbrot oder das Brennnesselbrot aus dem Blumentopf (s. S. 153).

BACHSAIBLING IM WILDKRÄUTERBETT

4 heimische Bachsaiblinge (küchenfertig)
Salz
1 Bund Bärlauchblätter
24 Gierschblätter
12 Stängel Knoblauchsraukekraut
8 Stängel **Taubnesselkraut**
1 Bio-Zitrone
Olivenöl
2 EL Weißwein
Pfeffer aus der Mühle
Zitronenscheiben zum Servieren

Den Backofen auf 180 °C (Ober-/Unterhitze) vorheizen. Die Fische unter fließendem Wasser waschen, dann trocken tupfen. Innen und außen sorgfältig mit Salz einreiben. Die Kräuter bei Bedarf im Ganzen waschen und trocken schütteln. Die Zitrone waschen und längs vierteln. Jeweils ein paar Kräuter und eine Zitronenspalte in die Fischbäuche füllen. Die gefüllten Fische werden anschließend einzeln »verpackt«. Dafür für jeden Fisch ein ausreichend großes Stück Backpapier zuschneiden und dieses in der Mitte mit Olivenöl fetten. Ein paar der gemischten Kräuter auf die Papierstücke verteilen. Den Fisch darauflegen, mit etwas Weißwein beträufeln und Pfeffer darüberstäuben. Mit den restlichen Kräutern abdecken. Zum Schluss 1–2 EL Olivenöl darüberträufeln. Das Backpapier über dem Fisch zusammenfalten und die Seiten mit Küchengarn zubinden. Die Päckchen auf ein Backblech legen und im Ofen 20–25 Minuten garen.
Die Fischpäckchen auf einen Teller legen und das Backpapier an der Nahtstelle etwas auseinanderziehen. Mit Zitronenscheiben servieren. Dazu passen Pellkartoffeln.

WALDMEISTER
Galium odoratum

Wo der Bärlauch gerne wächst, da ist auch der Waldmeister nicht weit, nämlich in lichten Laub- und Mischwäldern. Er hat das typische Aussehen der Rötegewächse: Die Blätter wachsen etagenweise in Quirlen um den Stängel herum, die weißen Scheindolden stehen an den Sprossspitzen. Waldmeister wird vor der Blütezeit im Mai geerntet, wenn das Kraut am aromatischsten ist. Es wird jedoch nicht gegessen, sondern nur zum Aromatisieren verwendet. Für seinen speziellen Duft und seinen besonderen Wohlgeschmack sorgt das Cumarin, das erst beim Welken entsteht. Es ist das bekannte Aroma der Maibowle. In Erdbeermarmelade kitzelt der Waldmeister den köstlichen Geschmack der roten Früchte ganz besonders hervor. Übrigens enthält auch die exotische Tonkabohne, die Spitzenköche gerne verwenden, den Aromastoff Cumarin. Erwischt man in der Küche zu viel Waldmeister, kann das zu Kopfschmerzen führen, die man dann nicht dem Wein in der Bowle zuschreiben kann. Über einen langen Zeitraum zu sich genommen, kann Cumarin zu Leberschäden führen. Es wirkt außerdem blutverdünnend und ist Namensgeber eines bekannten Arzneimittels.

MAIBOWLE

1 Bund **Waldmeisterkraut**
1 ½ l kalter trockener Weißwein
2–3 EL Zucker
1 Handvoll kleine Erdbeeren
750 ml trockener Sekt

(ERGIBT CA. 2 L)

Den Waldmeister welken lassen. Dann den Bund kopfüber in ein Bowlegefäß hängen und mit dem gut gekühlten Wein übergießen. Die Enden der Stiele sollten nicht mit Wein bedeckt sein, da die Bowle sonst bitter wird. Die Bowle etwa 30 Minuten bis maximal 2 Stunden ziehen lassen. Danach den Waldmeister aus der aromatisierten Bowle entfernen. Den Zucker unter Rühren darin auflösen. Die Erdbeeren waschen, putzen und dazugeben. Die Maibowle kurz vor dem Servieren mit gekühltem Sekt aufgießen.

Tipps

Damit der Waldmeister sein volles Aroma entfalten kann, ist es wichtig, ihn ein paar Stunden oder über Nacht welken zu lassen. Nur dann bekommt die Bowle den typischen Geschmack. Länger als 2 Stunden sollte der angewelkte Waldmeister allerdings nicht im Wein ziehen, sonst ist die Konzentration an Cumarin zu hoch, was Kopfschmerzen verursacht!
Sie können auch eine alkoholfreie Variante zubereiten. Hierzu nehmen Sie statt des Weins einfach die gleiche Menge Apfelsaft und gießen am Ende mit eiskaltem Mineralwasser auf.

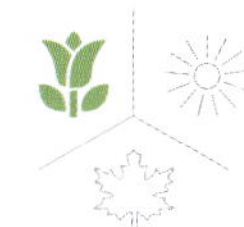

ERDBEERMARMELADE MIT WALDMEISTER

1 kg Erdbeeren
8 Stängel **Waldmeisterkraut**
1 kg Gelierzucker 1:1

5–6 EINMACHGLÄSER (ERGIBT CA. 2 KG)

Die Erdbeeren waschen, putzen und auf beliebige Größe zerkleinern oder pürieren. Den Waldmeister bei Bedarf waschen und trocken tupfen.
Die Erdbeeren in einem großen Topf mit dem Gelierzucker verrühren. Bei starker Hitze zum Kochen bringen. Unter ständigem Rühren 3 Minuten sprudelnd kochen. Den Waldmeister zugeben und etwa 1 Minute mitkochen.
Den Topf vom Herd ziehen und den Waldmeister herausnehmen. Die Marmelade sofort randvoll in vorbereitete Gläser füllen und verschließen. Die Gläser umdrehen und etwa 5 Minuten auf den Deckeln stehen lassen.

WIESENBÄRENKLAU

Heracleum sphondylium

»Ist der Stängel kantig und rau, ist es Wiesenbärenklau«, lautet ein Spruch, der den Bärenklau treffend charakterisiert. Nicht nur die Stängel, auch die großen, stark gezahnten Blätter sind von einem rauen »Pelz« umgeben. Die weißen Blütendolden riechen unangenehm. Sie entwickeln sich aus dicken, von einer schützenden Blattscheide umgebenen Knospen. Die Pflanze kann eine Höhe von eineinhalb Metern erreichen – im Gegensatz zu dem an die drei Meter hohen Riesenbärenklau, der auch als Herkulesstaude bekannt ist.

In der Küche lässt sich das Wildgemüse ganz vielfältig zubereiten. Die kleingeschnittenen Blätter und Stängel ergeben gedünstet eine schmackhafte, milde Beilage, die noch geschlossenen Knospen werden zum »Wiesen-Brokkoli«. Dicke Blattstiele kann man nach dem Schälen – die Haut wird ähnlich wie beim Rhabarber abgezogen – auch überbacken genießen.

Der Wiesenbärenklau wächst besonders gut auf stark gedüngten Wiesen. Bei der Ernte ist etwas Vorsicht geboten, denn der Bärenklau enthält in seinem Saft Stoffe, die die Haut reizen und besonders lichtempfindlich machen können. Das gilt vor allem für den Saft des Riesenbärenklaus, der im Zusammenwirken mit Sonnenlicht schlimme Verbrennungen der Haut bewirken kann. Als medizinische Wirkungen des Wiesenbärenklaus sind Heilung von Durchfall und Wurmbefall überliefert. Der antike Held Herakles soll sie erkannt haben und stand Pate für den Namen.

BÄRENKLAU-KNOSPENGEMÜSE

24 **Wiesenbärenklau-knospen**
1 kleine Zwiebel
2 Bärlauchblätter
Salz
3 EL Butter
frisch gepresster Zitronensaft

Die Knospen waschen. Die Zwiebel schälen und fein würfeln, den Bärlauch bei Bedarf waschen und in feine Streifen schneiden. Bärenklau und Zwiebel in wenig Salzwasser etwa 3 Minuten garen, bis das Wasser fast verdunstet ist.
Dann die Butter und den Bärlauch zugeben und etwa 1 Minute mitdünsten. Mit Zitronensaft und Salz abschmecken.
Das Bärenklauknospengemüse eignet sich als Beilage zu den Fleischküchle »Gundermann« (s. S. 39) und zum Grünen Püree (s. S. 34).

Noch »bäriger« wird es, wenn Sie sehr fein geschnittene Wiesenbärenklaublätter unter den Fleischteig der Gundermann-Küchle und/oder unter das Grüne Püree mischen.

WIESENSCHAUMKRAUT

Cardamine pratensis

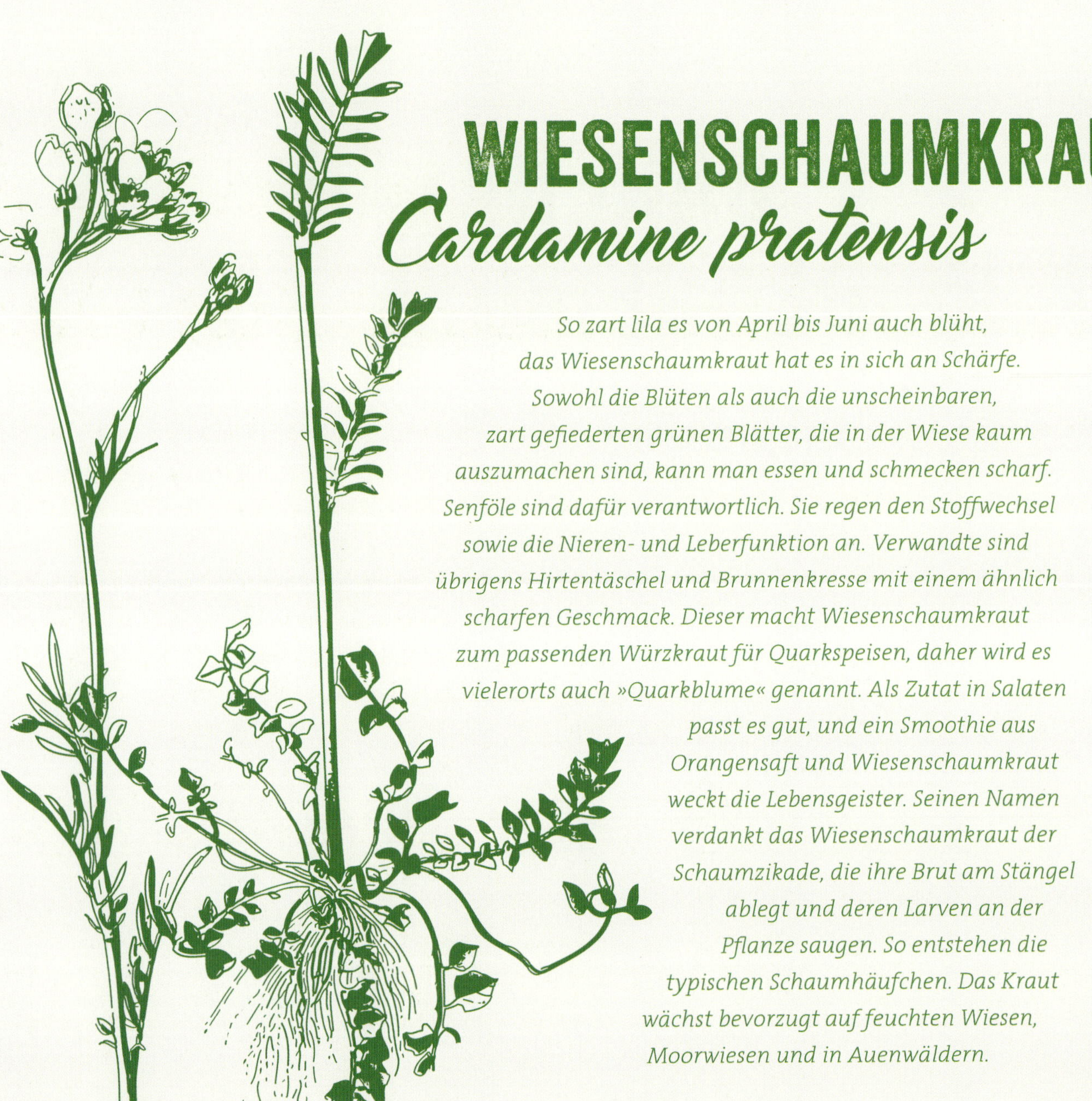

So zart lila es von April bis Juni auch blüht, das Wiesenschaumkraut hat es in sich an Schärfe. Sowohl die Blüten als auch die unscheinbaren, zart gefiederten grünen Blätter, die in der Wiese kaum auszumachen sind, kann man essen und schmecken scharf. Senföle sind dafür verantwortlich. Sie regen den Stoffwechsel sowie die Nieren- und Leberfunktion an. Verwandte sind übrigens Hirtentäschel und Brunnenkresse mit einem ähnlich scharfen Geschmack. Dieser macht Wiesenschaumkraut zum passenden Würzkraut für Quarkspeisen, daher wird es vielerorts auch »Quarkblume« genannt. Als Zutat in Salaten passt es gut, und ein Smoothie aus Orangensaft und Wiesenschaumkraut weckt die Lebensgeister. Seinen Namen verdankt das Wiesenschaumkraut der Schaumzikade, die ihre Brut am Stängel ablegt und deren Larven an der Pflanze saugen. So entstehen die typischen Schaumhäufchen. Das Kraut wächst bevorzugt auf feuchten Wiesen, Moorwiesen und in Auenwäldern.

VORBEREITUNGSZEIT

ZIEBERLASKÄS MIT WIESENSCHAUMKRAUT

1 l Rohmilch (oder nicht über 70 °C erhitzte Milch)
frisch gepresster Saft von ½ Zitrone
Salz und Pfeffer aus der Mühle
Sahne (nach Belieben)
1 Handvoll Blüten und obere Sprossspitzen vom **Wiesenschaumkraut**

Tipps
Die Molke nicht wegschütten, sondern gekühlt trinken!
Junge Küken, auf fränkisch »Zieberla« genannt, wurden früher unter anderem mit diesem Käse gefüttert.

Die Milch bei Zimmertemperatur (22–24 °C) stehen lassen, bis sie dick wird. Das kann je nach Wärme bis zu 2 Tage dauern. Damit die Säuerung schneller in Gang kommt, die Milch mit Zitronensaft »impfen«.
Die gestöckelte Milch in ungefähr 1 cm große Würfel schneiden. Die Molke trennt sich dabei deutlich vom Bruch. Die Würfel in ein sauberes Leinen- oder Baumwollsäckchen füllen und etwa 2–3 Stunden über einer Schüssel hängend abtropfen lassen. Den Zieberlaskäs herausnehmen und etwas auflockern. Mit Salz und Pfeffer würzen und nach Belieben mit etwas Sahne anrühren.
Einige Blüten beiseitelegen, das restliche Wiesenschaumkraut klein schneiden und unterheben. Zum Schluss die übrigen Blüten darüberstreuen. Mit Bauernbrot oder Brennnesselbrot aus dem Blumentopf (s. S. 153) servieren.

SOMMER

BEIFUSS – Artemisia vulgaris
DOST – Origanum vulgare
ENGELWURZ – Angelica sylvestris
HOLUNDER – Sambucus nigra
KARTOFFELROSE – Rosa rugosa
LABKRAUT – Galium verum
MÄDESÜSS – Filipendula ulmaria
ROTKLEE – Trifolium pratense
SCHAFGARBE – Achillea millefolium
STEINKLEE – Melilotus officinalis
WEISSER GÄNSEFUSS – Chenopodium album
WIESENKÜMMEL – Carum carvi
WIESENSALBEI – Salvia pratensis
WILDE MÖHRE – Daucus carota

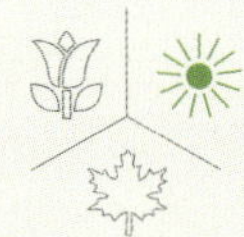

Sommer: Kräuter-Hochzeit auf der Wiese

Die aromatischen Blüten des ***Schwarzen Holunder****s läuten mit ihren weißen Scheindolden den Frühsommer ein. Zur Zeit der Sommersonnenwende wird es dann richtig bunt. Rund um den 24. Juni, Gedenktag an Johannes den Täufer, stehen viele Wildkräuter in voller Blüte: Gleich neben dem Johanniskraut, das seinen Namen nach ihm erhalten hat, leuchten blauer* ***Wiesensalbei*** *und rosaroter* ***Dost****.*
Die weißblühende ***Wilde Möhre*** *winkt am Straßenrand und das* ***Echte Labkraut*** *entfaltet seinen grazilen gelben Blütenschmuck. Vor allem Wildkräuter mit einem hohen Gehalt an ätherischen Ölen wie die* ***Kartoffelrose*** *verströmen in der Sommerhitze ihren Duft. Er lässt sich einfangen in köstlicher Blütenbowle und erfrischender Kräuterlimonade.*
Es ist Hochzeit auf den Blumenwiesen. Jetzt sind viele Wildkräuter auf dem Höhepunkt ihrer Kraft. Nach alter Tradition sammeln die Frauen zu Mariä Himmelfahrt am 15. August heilsame Pflanzen wie Königskerze, Kamille und Dost und binden sie zu sogenannten Kräuterbuschen. Nach der Weihe in der Kirche wurden sie früher im Herrgottswinkel, einer Ecke der Wohnstube, die mit einem Kruzifix geschmückt war, aufgehängt. Ein paar Blättchen der Kräuter ins Herdfeuer gestreut, sollte die Gefahr der Sommergewitter vertreiben, so war man überzeugt.
Auch unscheinbare Wildkräuter und Wildgemüse haben nun ihre beste Zeit. Fast überall am Wegesrand steht der ***Beifuß****. Seine winzigen Blütenknöllchen warten schon darauf, als Gänsebratengewürz für Weihnachten gepflückt zu werden. Und der* ***Weiße Gänsefuß*** *macht sich breit und wandert als milde Füllung in sommerliche Strudel und Quiches.*

BEIFUSS
Artemisia vulgaris

Als Gänsekraut ist der Beifuß bestens bekannt, denn keine Weihnachtsgans kommt ohne ihn aus. Das Gewürz mit der balsamischen, leicht harzigen Note macht fette, schwere Speisen leichter verdaulich. Den Geschmack und die Verträglichkeit des üppigen G'rupften unterstützt er daher bestens. Mit seinem hohen Gehalt an Bitterstoffen wird er auch »kleiner Bruder des Wermut« genannt, der noch viel bitterer schmeckt. Und so empfiehlt die Volksmedizin das Kraut bei Magenbeschwerden. Außerdem galt er früher als Frauenheilpflanze. Aber auch die alten Römer schätzten den Beifuß, und zwar als Mittel, das müde Füße wieder fit macht. Es heißt, sie hätten stets ein Blatt in ihre Sandalen gelegt oder ein Zweiglein davon ans Bein gebunden, das sie bei ihren ausgedehnten Fußmärschen beflügelte. Daher ist der Beifuß heute noch als Kraftpflanze der Wanderer bekannt: Ein Fußbad im Beifußsud mit anschließender Einreibung von Beifußöl belebt. Das Kraut wächst häufig am Wegesrand und auf Ödland. Es kann richtige Büsche bilden und sogar eine Höhe von zweieinhalb Metern erreichen. Erkennen kann man die Pflanze an ihren fiederspaltigen und gezahnten Blättern. Die Oberseite ist glatt und dunkelgrün, die Unterseite dagegen silbrig hell. Die Blütenstände sind sehr unscheinbar und gleichen kleinen Knöllchen. Als Gewürz werden die Zweiglein mit Blättern und noch geschlossenen Knospen am besten vor der Blüte geerntet. Allergiker sollten vorsichtig mit dem Beifuß umgehen.

G'RUPFTER MIT BEIFUSS

6 Stängel **Beifußkraut**
300 g reifer Camembert
1 Zwiebel
75 g weiche Butter
1 Spritzer fränkischer Weißwein
Salz und Pfeffer aus der Mühle

(ERGIBT CA. 400 G)

Das Beifußkraut bei Bedarf waschen und trocken tupfen. Die Blätter abzupfen, ein paar davon beiseitelegen, den Rest sehr klein schneiden.

Den zimmerwarmen Camembert mit zwei Gabeln in Stücke rupfen. Die Zwiebel schälen und halbieren. Eine Hälfte fein würfeln, die andere in Ringe schneiden. Butter, zerkleinerte Beifußblätter und Zwiebelwürfel unter den Camembert mengen. So viel Wein untermischen, bis eine cremige Konsistenz erreicht ist. Mit Salz und Pfeffer abschmecken.

Den G'rupften mit den Zwiebelringen und ein paar Beifußblättchen garnieren und im Kühlschrank mindestens 2 Stunden durchziehen lassen. Etwa 15 Minuten vor dem Servieren aus dem Kühlschrank nehmen.

Zu einem kräftigen Bauernbrot reichen.

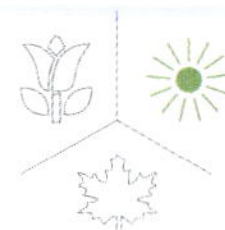

KRÄUTER PORTRÄT S. S. 18

GURKENSALAT MIT BEINWELL

8 **Beinwellblätter**
200 g saure Sahne
3 EL Zitronensaft
1 TL Kräutersalz (s. S. 56)
1 Prise Zucker
1 Handvoll **Beinwellblüten**
2 Salatgurken

Die Beinwellblätter bei Bedarf waschen und trocken tupfen. Erst dicke Blattrippen flach, dann die Blätter fein schneiden. Saure Sahne mit Zitronensaft, Salz und Zucker verrühren und die Beinwellblätter und die Hälfte der Blüten untermischen. Diese Sauce im Kühlschrank mindestens 1 Stunde durchziehen lassen. Die Gurken putzen und schälen. Nach dem Halbieren die Kerne entfernen und die Gurken hobeln.
Mit der Sauce vermischen und die restlichen Blüten zur Dekoration darüberstreuen.

Tipp
Da die Beinwellblätter roh etwas kratzig im Mund sind, ist es wichtig, sie fein zu schneiden. Auch das Durchziehen in der Salatsauce macht sie weicher. Die Beinwellblüten sind ein schöner Farbtupfer im Salat. Ihre Farbe changiert, je nach Blühphase, von rosarot nach blauviolett.

BEINWELLWICKEL

8 große **Beinwellblätter**
1 Zwiebel
1 EL Butter
1 kleine Handvoll Dost
300 g gemischtes Hackfleisch
1 Bio-Ei
3–4 EL Semmelbrösel
½ TL Paprikapulver
Salz und Pfeffer aus der Mühle
2 EL Butterschmalz
250 ml Gemüsebrühe
Kartoffelstärke, bei Bedarf

Die Beinwellblätter waschen, trocken tupfen und die dicken Rippen der Blätter flach abschneiden. Die Zwiebel schälen, fein würfeln und in der Butter andünsten. Den Dost bei Bedarf kurz abbrausen, trocken tupfen und fein schneiden.
Das Hackfleisch mit gedünsteter Zwiebel, Dost, Ei, Semmelbröseln und den Gewürzen verkneten. Den Fleischteig mit einem Löffel auf die ausgelegten Beinwellblätter setzen. Die Ränder einschlagen, aufrollen und mit Küchengarn zubinden.
In einer großen Pfanne das Butterschmalz zerlassen und die Wickel rundum anbraten. Herausnehmen und den Bratensatz mit Brühe ablöschen, dann die Wickel wieder hineinsetzen. Bei geschlossenem Deckel 30 Minuten garen.
Zum Schluss den Fond bei Bedarf mit etwas Stärke binden und abschmecken. In der fränkischen Küche ist vor allem Kartoffelsalat als Beilage beliebt. Es bietet sich aber auch Grünes Püree (s. S. 34) an.

WIE SCHMECKEN WILDKRÄUTER?
Ungeahnte Aromen

Der erste Kommentar von Menschen, die Wildkräuter zum ersten Mal essen, lautet oft: Das schmeckt bitter! Nicht immer stimmt das. Viele Wildpflanzen zeichnen sich durch eine Kombination aus Bitterstoffen mit einer anderen Geschmacksnote aus, die sich manchmal erst nach der bitteren entfaltet. Bestes Beispiel: Spitzwegerich. Wenn man ein Blatt oder – noch intensiver – eine Knospe davon kaut, kitzelt, im »Abgang« sozusagen, noch ein ganz spezielles Aroma den Gaumen, nämlich das frischer Champignons! Zudem empfinden wir Wildkräuter oft als bitter, weil unsere Geschmacksknospen diese Intensität gar nicht mehr gewöhnt sind. Viele Kulturgemüse werden heute auch so gezüchtet, dass sie möglichst wenig Bitterstoffe enthalten. Wildpflanzen sind die Vorfahren aller Kulturpflanzen, so wie beispielsweise die Wilde Möhre ein Elternteil der Karotte ist. Allerdings sind ihre Rüben kleiner, dafür oft intensiver und spezieller in ihrer Würze, womit sie unsere Speisen bereichern. Je nach besonderer Note lassen sich Wildkräuter in sehr verschiedene Geschmacksrichtungen einteilen:

HONIGSÜSS – Labkraut, Mädesüß, Lindenblüten

WÜRZIG – Gundermann und Quendel

NUSSIG – Brennnesselblätter und -samen

SCHARF – Bärlauch und Wiesenschaumkraut

NACH TONKABOHNE – Steinklee

SAUER – Sauerampfer, Waldsauerklee

NACH MÖHRE UND PETERSILIE – Giersch

NACH GURKE – Kleiner Wiesenknopf, Beinwell

KNOBLAUCHÄHNLICH – Knoblauchsrauke

HARZIG BIS SÄUERLICH – Fichtenspitzen

SAFTIG – Lindenblätter und Nachtkerzenblüten

EINZIGARTIG UND UNVERWECHSELBAR – Holunderblüten und Waldmeister

KNACKIG-FRISCH – Scharbockskraut

Sie sehen, wie vielfältig das Angebot der Natur ist! Nutzen Sie es doch, um Ihre Gerichte »spannender« zu gestalten!

BRENNNESSELSUPPE MIT LACHSSTREIFEN

KRÄUTER PORTRÄT S. S. 22

- 4 Handvoll **Brennnesselblätter** (s. TIPP S. 23)
- 1 Zwiebel
- 5 mehligkochende Kartoffeln
- 2 EL Butter
- 1 ¼ l Gemüsebrühe
- 200 g Schmand
- Kräutersalz (s. S. 56)
- Pfeffer aus der Mühle
- 100–150 g geräucherter Lachs

Die Brennnesselblätter bei Bedarf waschen und abtropfen lassen. Zwiebel und Kartoffeln schälen und würfeln. In einem Topf die Butter zerlassen und die Zwiebel darin glasig dünsten. Die Kartoffelwürfel dazugeben und anschwitzen. Mit der Brühe ablöschen und kochen, bis die Kartoffelwürfel fast weich sind.

Die Brennnesselblätter grob zerkleinern und in die Suppe geben. Aufkochen und 5 Minuten köcheln lassen.

Die Suppe mit dem Pürierstab cremig rühren. Vom Schmand 4 TL beiseitenehmen, den Rest unter die Suppe ziehen. Mit Salz und Pfeffer abschmecken. Den Lachs in Streifen schneiden. Die Suppe in Teller füllen, mit je 1 TL Schmand verzieren und die Lachsstreifen hineinlegen.

BRENNNESSEL-QUARK-KLÖSSE MIT BRAUNER BUTTER

75 g Butter
100 g Weißbrot vom Vortag
100 ml Vollmilch
350 g **Brennnesselblätter**
1 Zwiebel
75 g Bergkäse
50 g Magerquark
130 g Mehl
1 Bio-Ei
Salz und Pfeffer aus der Mühle
frisch geriebene Muskatnuss

50 g Butter unter ständigem Rühren in einem schweren Topf stark erhitzen. Wenn der entstehende Schaum zu zerfallen beginnt, setzen sich die Milchbestandteile ab und beginnen zu bräunen. Immer weiterrühren, damit die Butter nicht anbrennt. Sobald die Flocken braun sind, den Topf vom Herd ziehen. Noch etwas rühren, dann die Butter in ein anderes Gefäß füllen, damit sie nicht weiter bräunt.

Für die Knödel das Weißbrot in dünne Scheiben schneiden. Die Milch erhitzen, darübergießen und ziehen lassen. Die Brennnesselblätter waschen und abtropfen. Grobe Stiele abschneiden. Die Zwiebel schälen und würfeln. Die restliche Butter in einem Topf zerlassen und die Zwiebel darin andünsten. Die Brennnesseln zugeben und ohne Deckel garen, bis sie zusammenfallen. Abkühlen, dann ausdrücken und klein schneiden. Den Bergkäse fein reiben. Die Hälfte vom Käse mit Quark, Mehl, Ei und dem eingeweichten Brot vermengen. Die Brennnesseln untermischen und die Knödelmasse mit Salz, Pfeffer und Muskat würzen. 15 Minuten ruhen lassen. In einem großen Topf Salzwasser zum Kochen bringen. Mit angefeuchteten Händen aus der Masse kleine Knödel formen und ins Wasser setzen. Den Herd zurückschalten und die Knödel im offenen Topf etwa 15 Minuten ziehen lassen. Die fertigen Knödel mit dem Schaumlöffel herausheben.

Zum Servieren die braune Butter darüberträufeln und mit dem restlichen Bergkäse bestreuen.

BRENNNESSEL
Urtica dioica

DOST

Origanum vulgare

Dost wächst nicht nur im Mittelmeerraum, sondern kommt auch wild in unseren Breiten vor. Er wächst hier an lichten und warmen Gebüschrändern, auf Trocken- und Halbtrockenrasen sowie an Böschungen. Sein besonders hoher Gehalt an ätherischen Ölen macht ihn zu einem sehr aromatischen und beliebten Gewürz. Der mediterrane Oregano darf auf keiner Pizza und in keiner Tomatensauce fehlen. Der heimische Dost ist nicht ganz so kräftig, aber angenehm würzig. Das Kraut mit seinen eiförmigen kleinen Blättern an rötlich gefärbten Stängeln wird von April bis Juli geerntet und würzt auch Salate. Schmalz verleiht es einen deftig-kräftigen Geschmack. Seine Blütenstände sind rosa- bis weinrot und locken viele Schmetterlinge an.

In der Volksheilkunde wurde »Dostentee« bei Mund- und Rachenentzündung, Verdauungsproblemen und bei Erkältungen empfohlen. Im Mittelalter galt Dost gar als Pflanze zur Hexenabwehr und als Schutz vor dem Teufel.

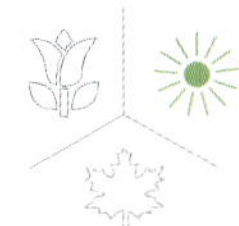

KRÄUTERSCHMALZ

1 große Zwiebel
1 mittlerer Apfel
1 TL Butterschmalz
1 Handvoll **Dostkraut**
2 EL Sonnenblumenkernmus (aus dem Bioladen)
Salz
frisches Brot zum Servieren

(ERGIBT CA. 250 G)

Die Zwiebel schälen und fein würfeln. Den Apfel waschen, entkernen und grob raspeln. Das Butterschmalz in einer Pfanne erhitzen und die Zwiebelwürfel darin dünsten, bis sie leicht bräunen. Die Apfelraspel dazugeben und alles braten, bis es weich und hellbraun ist.

Das Dostkraut bei Bedarf abbrausen und trocken tupfen. Die Blättchen abzupfen und zusammen mit den oberen, blühenden Sprossspitzen fein schneiden.

In einer Schüssel die Apfel-Zwiebel-Masse und den Dost mit dem Sonnenblumenkernmus und etwas Salz gründlich vermengen. Das Schmalz mit frischem Brot servieren. Es hält sich im Kühlschrank etwa 3–4 Tage.

Unbedingt die Reifezeit des Senfs abwarten! Das ist wichtig, damit sich das Aroma der Kräuter voll entfalten und die Schärfe zurückgehen kann.

VORBEREITUNGSZEIT

DREI IM GRÜNEN WECKLA MIT WILD-KRÄUTER-BIER-SENF

Für den Senf:

1 Handvoll gemischte Wildkräuter (z. B. **Dost**, Giersch, Beifuß, Taubnessel, Brennnessel, Quendel)
80 g gelbes Senfmehl
20 g Rohrohrzucker
10 g Salz
90 ml Kräuteressig
60 ml Bier

Für die grünen Weckla:

2 Handvoll Wildkräuter (s. o.)
½ Würfel Hefe
500 g Dinkelmehl
1 Prise Zucker
1 TL Kräutersalz (s. S. 56)

Außerdem:

24 Original Nürnberger Rostbratwürste

4–5 KLEINE SCHRAUBGLÄSER
MEHL ZUM ARBEITEN

Für den Senf die Kräuter abspülen und trocken tupfen. Die Blättchen abzupfen und sehr fein schneiden. Senfmehl, Zucker und Salz mischen. Essig und Bier mit den Kräutern unter die Senf-Mehl-Mischung mengen. Alles etwa 10 Minuten lang gründlich verrühren. Den Kräutersenf in kleine Gläser abfüllen, verschließen und mindestens 3 Wochen lang reifen lassen.

Für die Weckla die Kräuter waschen, trocken tupfen und fein schneiden. Die Hefe zerbröckeln, mit 5 EL Mehl, Zucker und 350 ml lauwarmem Wasser verrühren. An einem warmen Ort 30 Minuten gehen lassen. Das restliche Mehl und das Salz untermischen und alles zu einem festen Teig verkneten. Diesen zu einer Kugel formen, mit einem Tuch abdecken und 30 Minuten gehen lassen. Dann den Teig erneut durchkneten. Eine Rolle formen und in 8 etwa 3 cm dicke Scheiben schneiden. Daraus runde Brötchen formen und auf ein bemehltes Blech setzen. Die Brötchen mit Wasser einpinseln und 45 Minuten gehen lassen. Den Backofen auf 220 °C (Ober-/Unterhitze) vorheizen. Die Brötchen etwa 35 Minuten backen. Sie sind fertig, wenn es beim Klopfen auf die Unterseite hohl klingt. Nach dem Herausnehmen erneut mit Wasser einpinseln und abkühlen lassen.

Die Bratwürste etwa 6 Minuten in der Pfanne oder auf dem Grill braten und in den aufgeschnittenen Weckla mit etwas Kräutersenf servieren.

ENGELWURZ

Angelica sylvestris

Es soll ein Engel gewesen sein, der den Menschen das Wissen um die Heilkräfte der Engelwurz auf die Erde gebracht hat. Ihre Wurzel unterstützt die Verdauung und heilt Atemwegsbeschwerden. Daher heißt sie auch Brustwurz. Sie ist eine sehr stattliche Pflanze mit weißen, oft leicht rosa schimmernden Blütendolden. Die Knospen werden von einer auffälligen Blattscheide umgeben. Ihre Blätter können recht groß werden, setzen sich aber aus kleineren Blattfiedern zusammen. Die Blattstiele haben die Form einer Rinne. Der bis zu eineinhalb Meter hohe Stängel ist meistens rötlich gefärbt. Das ist die Wald-Engelwurz, die in Auenwäldern und auf feuchten Wiesen wächst. Ihre Gartenverwandte, die Erzengelwurz oder auch Arznei-Engelwurz, wird leicht noch einen Meter höher.

Engelwurzblätter eignen sich mit ihren süßlich-würzigen Stängeln bestens als Zugabe in Salat oder Gemüsegerichten, doch ab Juli werden sie oft bitter. Die Stängel erntet man am besten, bevor sich die Blütendolden entfalten, dann sind sie am saftigsten. Eine süße Leckerei sind kandierte Stängel. Die Früchte sind im grünen Zustand besonders aromatisch und verleihen den berühmten Kräuterlikören Bénédictine *und* Chartreuse *ihren Geschmack.*

ENGELWURZPARFAIT

Für Engelwurzsirup und -stängel:
1 dickes Bündel **Engelwurzstängel**
1 Vanilleschote
400 g Zucker

Für das Parfait:
2 Bio-Eigelb
60 g Zucker
100 g Engelwurzsirup (s. o.)
250 g Sahne
1 Pck. Vanillezucker
50 g kandierte Engelwurzstängel (s. o.)

1 SCHRAUBGLAS
1–2 SAUBERE FLASCHEN ZUM ABFÜLLEN
1 KASTENFORM (CA. 30 x 14 CM)

Die Engelwurzstängel schälen und in fingerlange Stücke schneiden. Dicke Stängel längs halbieren. In einem Topf 1 l Wasser erhitzen, Vanilleschote und Zucker zugeben und einen Sirup kochen. Die Engelwurzstängel einlegen und so lange kochen, bis sie weich sind. Dann den Herd abschalten und alles bis zum Erkalten ziehen lassen. Die Stängel aus dem Zuckersirup nehmen, abtropfen und auf einem mit Backpapier ausgelegten Blech trocknen lassen. Bis zum Gebrauch in einem verschließbaren Glas aufbewahren. Den Sirup in eine Flasche abfüllen.
Für das Parfait die Eigelbe mit dem Zucker schaumig aufschlagen. Den Engelwurzsirup unterrühren. Die Sahne mit dem Vanillezucker sehr steif schlagen und unter die Eimasse mischen. Die kandierten Engelwurzstängel in kleine Stücke schneiden und zum Schluss unterheben. Das Parfait in eine Kastenform füllen und im Gefrierschrank mindestens 4 Stunden gefrieren lassen. Vor dem Genuss das Parfait in dicke Scheiben schneiden, mit Engelwurzsirup beträufeln und mit ein paar Stückchen kandierter Engelwurz bestreut servieren.

HOLUNDER
Sambucus nigra

Die Holunderblüten läuten den Frühsommer ein. Sie sind handtellergroß und setzen sich aus unzähligen winzigen, cremefarbenen Blüten zusammen. Diese duften herb, aber einzigartig – und genauso ist auch ihr Geschmack. In Teig ausgebackene Blüten – Hollerküchle – sind ebenso bekannt wie Holunderblütensirup oder -gelee. Im Herbst reifen die typischen schwarzen »Beeren«. Auch sie sind vielseitig in der Küche zu verarbeiten: zu Saft, Gelee oder Suppe, nicht aber roh. Ungekocht sind sie unbekömmlich bis leicht giftig, genau wie die großen, unpaarig gefiederten Blätter mit ihrem gesägten Rand. Typisch für den Schwarzen Holunder sind die gefurchte Rinde, die an Kork erinnert, und die markig gefüllten Äste.

Der Holunder ist weit verbreitet und wächst am Waldrand oder in Hecken. Früher galt der Strauch als Schutzpflanze von Haus und Hof. »Apotheke des kleinen Mannes« wird er gern genannt, weil er verschiedene Heilwirkungen hat: Ein Tee aus den Blüten wirkt schweißtreibend bei Erkältungen und lindert Reizhusten, der Saft der Früchte enthält viele Vitamine und Anthocyane, die an der schwarz-blauen Farbe zu erkennen sind, und stärkt die Abwehrkräfte. Aufgrund der kräftigen Farbe wurden früher auch Stoffe, Leder und sogar Haare damit gefärbt.

Holler ist im fränkischen Sprachgebrauch ein anderer Name für Holunder.

VOR BEREITUNGS ZEIT

APFELKÜCHLE MIT HOLLERSCHAUM

Für den Hollerschaum:

5 **Holunderblütendolden**

200 g Sahne

3 Bio-Eigelb

40 g Rohrohrzucker

Für die Apfelküchle:

3 Bio-Eier

50 g Zucker

65 g Dinkelmehl

3–4 Äpfel

Fett zum Ausbacken

Die Blütendolden mit der flüssigen Sahne übergießen und über Nacht im Kühlschrank aromatisieren lassen. Am nächsten Tag die Dolden herausnehmen und ausdrücken. Eigelbe sowie Zucker zur Holundersahne geben und alles verrühren. Im Wasserbad mit dem Schneebesen zu einer schaumigen Creme schlagen. Im Kühlschrank gut durchkühlen lassen.

Für die Apfelküchle die Eier trennen und die Eigelbe mit dem Zucker cremig aufschlagen. Das Mehl unterrühren. Die Eiweiße steif schlagen und unterheben. Die Äpfel schälen, das Kerngehäuse ausstechen und die Äpfel in dicke Scheiben schneiden. Das Fett in einer Pfanne erhitzen. Die Apfelscheiben durch den Teig ziehen und im heißen Fett goldgelb ausbacken. Den gekühlten Hollerschaum dazureichen.

Die Holunderblüten nicht waschen, sonst verlieren sie ihr unvergleichliches Aroma! Das gilt übrigens für jegliche Zubereitung mit Holunder. Vor der Verwendung die Dolden für etwa 1 Stunde auf einem sauberen Geschirrtuch auslegen, damit sich kleine Insekten entfernen können.

VORBEREITUNGSZEIT

HOLLERBLÜTENEIS MIT KIRSCHSAUCE

Für das Hollerblüteneis:
5–6 frisch erblühte **Holunderblütendolden** (s. TIPP S. 103)
200 ml Vollmilch
200 g Sahne
1 Vanilleschote
1 Prise Meersalz
3 Bio-Eigelb
2 EL flüssiger Blütenhonig

Für die Kirschsauce:
200 g Süßkirschen
50 g Rohrohrzucker
100 ml Kirschsaft
1 TL Maisstärke

Für das Eis die Holunderblüten in einem hohen Gefäß mit Milch und Sahne übergießen und über Nacht im Kühlschrank ziehen lassen. Am nächsten Tag die Blüten herausnehmen und ausdrücken. Die Vanilleschote längs aufschneiden und das Mark herauskratzen. Beides zusammen mit der Holundersahnemilch und etwas Meersalz in einen Topf geben. Aufkochen, den Topf vom Herd nehmen und 15 Minuten ziehen lassen. Eigelbe und Honig dickschaumig aufschlagen. Die Vanilleschote aus der Milch nehmen und die Milch fast bis zum Siedepunkt erhitzen. Dann über dem Eiswasserbad nach und nach unter die Eimasse rühren, bis sie erkaltet ist. Anschließend in die laufende Eismaschine füllen. Alternativ im Tiefkühler gefrieren lassen, dabei immer wieder umrühren, damit sich möglichst kleine Eiskristalle bilden.
Für die Sauce die Kirschen waschen und entkernen. Zusammen mit dem Zucker und dem Saft erhitzen. Die Stärke in etwas Wasser auflösen und unterrühren. Kurz aufkochen, bis die Masse andickt. Dann vom Herd nehmen und zum Eis reichen.

HOLUNDERBLÜTENSIRUP

15–20 frisch erblühte **Holunderblütendolden** (s. TIPP S. 103)
1 Bio-Zitrone
500 g Rohrohrzucker
25 g Zitronensäure

2–3 SAUBERE FLASCHEN ZUM ABFÜLLEN

Die groben Stiele der Holunderblütendolden abschneiden. Die Zitrone waschen und in Scheiben schneiden. Zusammen mit den Blütendolden in ein großes Gefäß füllen. Zucker und Zitronensäure dazugeben und 1 l kochendes Wasser darübergießen. Alles gut umrühren und an einem kühlen Platz 2–3 Tage stehen lassen. Dabei ab und zu umrühren, die Blütendolden und Zitronenscheiben immer wieder unter die Oberfläche drücken. Anschließend durch ein Mulltuch abfiltern. Den Sud in einem Topf erhitzen und 5 Minuten ohne Deckel kochen lassen. Noch heiß in saubere Flaschen abfüllen und verschließen. Kühl und dunkel gelagert hält sich der ungeöffnete Sirup etwa 1 Jahr.

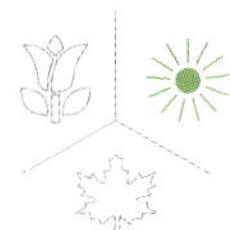

HOLLERSEKT

4 Bio-Zitronen
70 ml Apfelessig
250 g Akazienhonig
7 **Holunderblütendolden**
(s. TIPP S. 103)

4–5 SAUBERE FLASCHEN ZUM ABFÜLLEN
SEKTFLASCHEN-HANDVERKORKER
DRAHTBÜGEL
(ERGIBT CA. 3 L)

2 Zitronen auspressen und den Saft auffangen, die anderen 2 Zitronen waschen und in Scheiben schneiden. In einem großen Gefäß 2 ½ l Wasser, Essig, Zitronensaft und Honig gut verrühren. Von den Holunderdolden die groben Stiele abschneiden und die Dolden in den Sud geben. Die Zitronenscheiben obenauf legen. Das Gefäß mit einem Tuch abdecken und an einen warmen Ort stellen.
Die Zitronenscheiben und die Blütendolden ab und zu in die Flüssigkeit eintauchen, damit sie nicht schimmeln.
Nach 3–5 Tagen beginnt der Sud zu gären, nach einer Woche ist der Sekt fertig zum Trinken.
Zum Aufbewahren in saubere Sektflaschen abfüllen, verkorken und verdrahten. An einem kühlen Ort ist der Sekt etwa 1 Jahr haltbar.

Tipp
Wer alljährlich größere Mengen Sekt herstellen möchte, kann im Winzerbedarf für wenig Geld einen Sektflaschen-Handverkorker erstehen. Damit lässt sich das Getränk in Sektflaschen professionell verkorken und anschließend mit Drahtbügeln sichern. Alternativ kann man den Sekt auch in Bügelflaschen abfüllen. Zur Sicherheit sollte man die Flaschen in eine Plastikwanne stellen und mit einer Decke abdecken – falls eine platzen sollte.

KARTOFFELROSE

Rosa rugosa

Das kräftige Pink ihrer Blütenblätter leuchtet aus dem grünen Laub. Ihr Duft ist eine Wohltat! Farbe und Aroma sind der Grund, sie in vielen sommerlichen Gerichten zu verwenden, denn Augen und Gaumen erfreuen sich besonders daran. In pikanten oder süßen Salaten kommen ihre Blütenblätter bestens zur Wirkung. Sie aromatisieren Essig oder Zucker und setzen auch da schöne Farbtupfer. Für die Haut ist die Rose besonders interessant, denn das ätherische Rosenöl regeneriert als Zutat in Kosmetik die Zellen und wirkt leicht entzündungshemmend. Um es zu gewinnen, sind Unmengen Blütenblätter nötig: Man braucht drei Tonnen davon, um ein Kilogramm ätherisches Rosenöl zu erhalten. Das macht es so kostbar. Es wird mittels Wasserdampfdestillation gewonnen. Allerdings werden dafür nur besondere Duftrosenarten verwendet.

Als Nebenprodukt entsteht dabei Rosenwasser, das zur Herstellung von Marzipan gebraucht und vor allem in der orientalischen Küche sehr geschätzt wird. Doch Vorsicht beim Zupfen: Die Kartoffelrose wehrt sich mit extrem vielen Stacheln. Darauf muss man vor allem im Herbst bei der Ernte ihrer dicken Hagebutten achten. Mit ihren großen Früchten lässt sie sich gut in dichten Hecken und Sträuchern am Wegesrand ausmachen. Das Hagebuttenmark ist beispielsweise als Füllung von Krapfen in aller Munde.

Hagebutten sind ein »Superfood«, denn sie übertreffen Zitronen um das 10- bis 20-fache an Vitamin C! Sie stärken durch ihre Kombination mit Flavonoiden das Immunsystem ganz besonders. In pulverisierter Form gelten sie als Heilmittel bei Arthrose.

BLÜTEN-OBST-SALAT MIT ROSENZUCKER

Für den Rosenzucker:

1 Handvoll frische, duftende und kräftig farbige **Rosenblütenblätter** (z. B. von der Kartoffelrose)

50 g Zucker

Für den Blüten-Obst-Salat:

2 EL Haselnusskerne

2 kleine Bananen

250 g Melonenfruchtfleisch (z. B. Honig-, Wasser- oder Galiamelone)

250 g Erdbeeren

2 Handvoll Blütenblätter (z. B. **Rose**, Mädesüß, Holunder, Linde, Gänseblümchen, Klee, Löwenzahn, Brennnessel, Taubnessel, Beinwell)

Für das Dressing:

2 EL Haselnussöl

2 EL Himbeerbalsam

Die Rosenblütenblätter mit Zucker im Blitzhacker zu feinem Rosenzucker vermahlen.

Für den Salat die Haselnüsse hacken und in einer Pfanne ohne Fett anrösten. Die Bananen schälen und mit der Melone in mundgerechte Stücke schneiden. Die Erdbeeren waschen, putzen und halbieren. Obst und Nüsse in einer großen Schüssel mischen.

Aus Nussöl und Himbeerbalsam ein Dressing anrühren. Die Hälfte der Blütenblätter locker unter den Salat heben. Dann erst das Dressing vorsichtig untermischen und den Salat nach Geschmack mit etwa der Hälfte des Rosenzuckers bestreuen. Mit den restlichen Blüten dekorieren. Der übrige Zucker lässt sich luftdicht verschlossen problemlos mehrere Wochen aufbewahren.

LABKRAUT

Galium verum

Im Hochsommer findet man das Echte Labkraut auf mageren Wiesen und an Böschungen. Mit seinen duftigen Blütenständen erinnert es ein wenig an Schleierkraut, nur in Gelb. Deutlichstes Kennzeichen sind die nadelförmigen, spitzen Blätter, die etagenweise in Quirlen rund um den Stängel angeordnet sind.

Früher wurde es bei der Käseherstellung genutzt, denn es wirkt ähnlich wie Lab aus dem Kälbermagen. Die kleinen Blüten verströmen einen süßen Duft, den sie beim Aromatisieren an Wasser, (Apfel-)Saft oder andere Flüssigkeiten abgeben. So erhält man beispielsweise Blütenlimonade. Labkraut eignet sich im Frühling als Kräuterzutat in verschiedenen Füllungen oder in Kombination mit Tomatensalat, was farblich sehr hübsch aussieht.

In der Volksmedizin wurde Saft oder Sud vom Labkraut zur Behandlung von Hautproblemen verwendet.

WILDKRÄUTERSTRUDEL

Für den Strudelteig:
275 g Dinkelmehl
¼ TL Salz
50 ml Olivenöl

Für die Füllung:
200 g festkochende Kartoffeln
1 Zwiebel
1 Knoblauchzehe
400 g Fetakäse
2 Handvoll Wildkräuter (z. B. **Labkraut,** Weißer Gänsefuß, Brennnessel, Schafgarbe oder andere Wildkräuter)
Butter
2 EL Sonnenblumenkerne
Salz und Pfeffer aus der Mühle

MEHL ZUM ARBEITEN

Für den Teig Mehl und Salz in einer Schüssel mischen. In einem Topf 175 ml Wasser aufkochen und das Öl mit dem Stabmixer einrühren, bis die Flüssigkeit weiß wird. Dann zum Mehl gießen und alles zu einem Teig verkneten. Mindestens 15 Minuten zugedeckt ruhen lassen, dann den Strudelteig auf einem bemehlten Tuch rechteckig dünn ausrollen.

Für die Füllung die Kartoffeln weich kochen. Kurz abkühlen lassen, dann pellen und grob raspeln. Zwiebel und Knoblauch schälen und hacken. Den Feta zerkrümeln. Die Wildkräuter bei Bedarf waschen, ein paar beiseitelegen, den Rest klein schneiden. Ein wenig Butter erhitzen und die Kräuter kurz darin andünsten. Alle Zutaten miteinander mischen und mit Salz und Pfeffer abschmecken.

Die Füllung auf dem Teig verteilen. Diesen aufrollen und die Seiten einschlagen. Den Backofen auf 200 °C (Ober-/Unterhitze) vorheizen. Erneut etwas Butter zerlassen. Die zurückbehaltenen Wildkräuterblätter zur Dekoration auf den Strudel legen und mit etwas Butter bestreichen. Den Strudel ca. 20–25 Minuten backen. Dabei immer wieder mit etwas geschmolzener Butter beträufeln.

BLÜTENBOWLE

8 stark duftende Rosenblüten
8 Stängel **Labkraut** (zur Blütezeit)
1 Handvoll Steinkleeblüten
1 Vanilleschote
1 Bio-Zitrone
1 ½ l trockener Weißwein
50 ml Rosenwasser
50 g Akazienhonig
750 ml kaltes, spritziges Mineralwasser
Labkraut- und Steinkleeblüten sowie einige ausgezupfte Rosenblütenblätter zur Dekoration

(ERGIBT CA. 2 ½ L)

Die Rosenblütenblätter auszupfen und zusammen mit den Labkrautstängeln und den Steinkleeblüten in ein Bowlegefäß legen. Die Vanilleschote längs aufschlitzen und dazugeben. Die Zitrone waschen und eine Hälfte spiralförmig schälen. Die Schale ins Bowlegefäß geben und alles mit Wein und Rosenwasser aufgießen. Die Blüten mit den Händen etwas durchdrücken. Den Honig unter Rühren im Bowleansatz auflösen. Über Nacht an einem kühlen Ort ziehen lassen. Am nächsten Tag die Blüten nochmals durchdrücken und die Bowle absieben.
Das eisgekühlte Mineralwasser und die frischen Blütenblätter kurz vor dem Servieren untermischen.

Noch alkoholischer wird die Blütenbowle, wenn man das Mineralwasser durch eine Flasche eisgekühlten Sekt ersetzt.

KRÄUTER PORTRÄT S. S. 51

VOR BEREITUNGS ZEIT

LINDENBLÜTENSIRUP

850 g Zucker
2 Handvoll **Lindenblüten**
150 g Honig
2 Bio-Zitronen

2–3 SAUBERE FLASCHEN ZUM ABFÜLLEN (ERGIBT CA. 2 L)

In einem Topf 1 ½ l Wasser mit dem Zucker aufkochen und Lindenblüten sowie Honig unterrühren.
Die Zitronen abwaschen, in Scheiben schneiden und obenauf legen. Den Topf abdecken und 4–5 Tage an einem kühlen Platz stehen lassen.
Danach durch ein Sieb abseihen und den Sirup nochmals aufkochen, um ihn haltbar zu machen. In Flaschen abgefüllt und an einem kühlen, dunklen Ort aufbewahrt hält er sich etwa 1 Jahr.

Tipp
Bei den Lindenblüten werden die Blüten mitsamt dem Zungenblatt gesammelt. Die beste Erntezeit ist, wenn sich die erste Blüte an der Dolde geöffnet hat.

MÄDESÜSS

Filipendula ulmaria

Auf feuchten Wiesen, an Bachrändern und Teichufern fühlt sich das Mädesüß wohl. Mit seinem weißen Blütenstand, der einem Federbusch gleicht, überragt es viele andere Pflanzen. Seine Blätter sind gefiedert und sitzen an rötlich-braunen Stängeln. Mädesüß duftet fein nach Mandeln und Honig. Deswegen wurde es früher zum Aromatisieren von Wein beziehungsweise Met verwendet. Daher rührt auch sein Name, der rein gar nichts mit süßen Mädchen zu tun hat! Für verschiedene Süßspeisen lässt sich auch Sahne gut mit frisch erblühten Blütenständen aromatisieren. Sie nimmt den zarten, süßlichen Geschmack gut an.

Die Blätter und Knospen dagegen schmecken sehr markant und erinnern schlicht und einfach an Medizin. Doch das ist das Wildkraut auch – es wirkt leicht fiebersenkend und schmerzlindernd. Das liegt an den Salicylaten, die in der Pflanze stecken. In isolierter Form sind sie in Aspirin enthalten; dort allerdings künstlich hergestellt. Das Medikament ist sozusagen der chemische »Nachbau« des pflanzlichen Vorbilds.

ARME RITTER MIT MÄDESÜSSSAHNE

VOR BEREITUNGS ZEIT

Für die Mädesüßsahne:
10–12 frisch erblühte Blütenstände vom **Mädesüß**
400 g Sahne
2 EL Akazienhonig

Für die Armen Ritter:
6 Semmeln vom Vortag
375 ml Vollmilch
1 EL Zucker
1 Pck. Vanillezucker
2 Bio-Eier
Semmelbrösel
Öl zum Ausbacken

Die Mädesüßblüten nach der Ernte für etwa 30 Minuten auf einem Geschirrtuch auslegen, damit sich kleine Insekten entfernen können.
Dann die Blütenstände mit der Sahne übergießen und über Nacht im Kühlschrank aromatisieren lassen.
Am nächsten Tag die Blütenstände herausnehmen und ausdrücken. Den Honig unter die Sahne mischen und alles halbsteif schlagen.
Die Semmeln in fingerdicke Scheiben schneiden und in eine Schüssel legen. Milch, beide Zuckersorten und Eier verquirlen und über die Scheiben gießen. Einweichen, dabei öfters wenden, damit sich die Semmeln gut vollsaugen.
Zum Schluss die Semmelscheiben vorsichtig in Semmelbröseln wenden. Öl in einer Pfanne erhitzen und die Armen Ritter im heißen Fett von beiden Seiten goldbraun ausbacken. Mit der Mädesüßsahne servieren.

ROTKLEE
Trifolium pratense

Die roten, kugeligen Blütenstände des Rot- oder Wiesenklees mögen vor allem Kinder. Zum einen pflücken sie ihn als hübsche Blume auf Wiesen und Weiden, zum anderen, weil man aus den einzelnen Blütchen süßen Nektar saugen kann. Ganz typisch ist natürlich sein dreiteiliges »Kleeblatt«. Sowohl Blüten als auch Blätter sind essbar und passen gut in einen Wildkräutersalat, weil sie einen sehr zurückhaltenden Geschmack haben. Dafür sorgt das Rot für schöne Farbeffekte nicht nur im rohen Zustand, sondern auch als Färbung von Sirup und Gelee. Isoflavonoide sind als sekundäre Pflanzenstoffe verantwortlich dafür. Diese Pflanzenfarbstoffe gelten auch als pflanzliche Hormone, die bei Wechseljahresbeschwerden medizinisch genutzt werden können, denn sie wirken im menschlichen Organismus ganz ähnlich wie körpereigene Östrogene.

Im Gegensatz zu dem am Boden kriechenden Weißklee wächst der Rotklee aufrecht und kann, je nach Standort, bis auf Kniehöhe wachsen. Beide haben die typischen, dreiteiligen Kleeblätter und die kugeligen Blütenstände. Genau wie der Rotklee ist auch die weiß blühende Art essbar.

KLEEBLÜTENPFANNKUCHEN MIT ROTKLEESIRUP

Für den Sirup:
3 Bio-Zitronen
1 Litermaß **Rotkleeblüten**
1250 g Zucker
1 TL Zitronensäure

Für die Pfannkuchen:
3 Bio-Eier
175 g Dinkelmehl
250 g Magerquark
250 ml Vollmilch
½ TL Salz
Fett zum Ausbacken
2 Handvoll **Rotkleeblüten**

2–3 SAUBERE FLASCHEN ZUM ABFÜLLEN

Für den Sirup die Zitronen waschen, in Scheiben schneiden und zusammen mit den Rotkleeblüten in 1 ¼ l Wasser aufkochen. Vom Herd nehmen und zugedeckt etwa 30 Minuten ziehen lassen.
Dann durch ein Mulltuch in einen großen Topf abseihen und gut ausdrücken. Den Zucker dazugeben und erneut aufkochen. Die Zitronensäure zufügen. Etwa 30 Minuten unter gelegentlichem Rühren eindampfen lassen, bis ein noch relativ flüssiger Sirup entstanden ist. Vorsicht, es schäumt beim Umrühren! Heiß in saubere Flaschen abfüllen und verschließen.
Für die Pfannkuchen die Eier trennen. Eigelbe, Mehl, Quark, Milch und Salz mit dem Rührgerät zu einem dickflüssigen Teig verarbeiten. Die Eiweiße in einem extra Gefäß zu steifem Schnee schlagen und unter die Pfannkuchenmasse heben. Das Fett erhitzen, den Teig portionsweise in die Pfanne geben und jeweils ein paar Kleeblüten hineinstreuen. Mit einem Deckel abdecken und nur von einer Seite backen. Kurz vor dem Servieren mit Rotkleesirup beträufeln.

SCHAFGARBE

Achillea millefolium

Der Zusatz »millefolium« im botanischen Namen verrät etwas über das Aussehen der Schafgarbe: Es bedeutet tausendblättrig, denn die grünen Blättchen sind mehrfach gefiedert und haben sehr viele feine Zipfelchen. Sie sitzen an einem zähen Stängel, der in eine weiße Scheindolde mündet. Der erste Name »Achillea« erzählt dagegen von dem antiken Sagenhelden Achilles, der ja bekanntlich im Kampf an der Ferse verwundet wurde. Er soll seine Wunden mit Schafgarbe behandelt haben. Das Kraut hat viele heilsame Eigenschaften: blutstillend, schmerzlindernd, entzündungshemmend, antiseptisch, krampflösend und verdauungsfördernd – beinahe ein Universalheilmittel!

Der Geschmack ihrer Blätter und besonders der Blüten ist kräftig würzig und bitter. Besonders fein sind die zarten Blättchen im Frühling in einem Wildkräutersalat. Im Sommer lassen sich die Blätter frittieren und zum Beispiel zu Kartoffeln reichen oder Kräuterbutter und -quark sowie Salat damit würzen. Sammeln kann man die Schafgarbe auf vielen Wiesen.

SCHAFGARBENBUTTER

25 g Haselnusskerne
1 Handvoll **Schafgarbenblätter** und **-blüten**
250 g weiche Butter
Kräutersalz (s. S. 56)

(ERGIBT CA. 300 G)

Die Haselnüsse im Blitzhacker fein mahlen und in einer Pfanne ohne Fett leicht anrösten. Die Schafgarbenblätter bei Bedarf abspülen, trocken tupfen und zusammen mit den Schafgarbenblüten klein schneiden.
Alle Zutaten gut miteinander vermengen und ein paar Stunden im Kühlschrank durchziehen lassen.
Das Brennnesselbrot aus dem Blumentopf (s. S. 153) oder die Doststangen (s. S. 128) passen gut zu dieser Butter.

Größere Schafgarbenblätter lassen sich auch ohne Schneiden ganz leicht zerkleinern: Dazu nimmt man ein Blatt an der Spitze zwischen zwei Finger und zieht mit der anderen Hand die einzelnen Blattfiedern vorsichtig »gegen den Strich« nach unten ab – fertig!

STEINKLEE

Melilotus officinalis

An Bahndämmen, auf Ödland oder in Steinbrüchen trifft man sowohl den Echten Steinklee, der gelb blüht, als auch seinen Bruder, den Weißen Steinklee. »Honigklee« werden beide mancherorts genannt. Beides sind sehr filigrane Pflanzen mit Schmetterlingsblüten, die in Trauben angeordnet sind. An den dreiteiligen Blättern lässt sich erkennen, dass es sich um Klee handelt. Das beim Welken freigesetzte Cumarin lässt das Kraut ganz betörend wie Heu oder Waldmeister duften. Und so umwerfend schmeckt es auch, wenn Speisen oder Getränke mit Trieben, Blüten oder blühendem Kraut aromatisiert werden! Die exquisite Tonkabohne besitzt übrigens den gleichen Inhaltsstoff. Doch für beide gilt: Die Dosis macht das »Gift«, denn zu viel vom Cumarin kann Kopfschmerzen verursachen. Heilsam ist der Steinklee aber dennoch: Er lindert Gefäßbeschwerden wie beispielsweise Venenschwäche.

DOSTSTANGEN MIT DUFTENDER STEINKLEEBUTTER

Für die Steinkleebutter:
1 Handvoll blühender
Steinklee
150 g weiche Butter
1 Prise Salz

Für die Doststangen:
125 g Dinkelmehl
125 g Dinkelvollkornmehl
½ Würfel Hefe
80 ml Walnussöl
½ TL Zucker
½ TL Salz
12 Stängel Dost
Meersalz zum Bestreuen

Tipp
Die Steinkleebutter schmeckt auch köstlich in Kombination mit einer fruchtigen Marmelade wie der Erdbeermarmelade mit Waldmeister (s. S. 77), auf knusprigem Brot oder einer frischen Semmel.

Für die Butter das Kraut etwa 1–2 Stunden anwelken lassen. Die Blüten vorsichtig von den Stängeln abstreifen und weiche Blütensprossspitzen sowie grüne Blättchen fein schneiden. 6 EL davon in eine Schüssel geben. Die weiche Butter und das Salz unterrühren und im Kühlschrank mindestens 1 Stunde ziehen lassen.
Für die Stangen das Mehl in einer Schüssel mischen. Die Hefe in 125 ml lauwarmem Wasser auflösen und zusammen mit Öl, Zucker und Salz mit dem Mehl verkneten. Den Dost bei Bedarf waschen, die Blättchen von den Stängeln streifen und fein schneiden. Zum Teig geben und alles einige Minuten kräftig durchkneten. Die Schüssel mit einem Tuch abdecken und 20 Minuten gehen lassen. Den Backofen auf 180 °C (Umluft) vorheizen. Den Teig nochmals kneten und in 20–25 Stücke teilen. Diese auf der Arbeitsfläche mit den Händen zu dünnen Stangen rollen. Zwei Backbleche mit Backpapier auslegen und die Stangen mit etwas Abstand darauf verteilen. Mit Meersalz bestreuen. Nochmals 10 Minuten gehen lassen, dann die Stangen etwa 20–25 Minuten backen. Auf einem Gitter abkühlen lassen. Die Butter 15 Minuten vor dem Verzehr aus dem Kühlschrank nehmen und die Doststangen hineindippen. Wenn die Stangen nicht gleich gegessen werden, bleiben sie in einer dicht schließenden Blechdose einige Tage lang frisch. Die Doststangen lassen sich auch mit Schafgarbenbutter (s. S. 125) oder G'rupftem mit Beifuß (s. S. 87) genießen.

KRÄUTER PORTRÄT S. S. 78

»WILDER SPARGEL« ÜBERBACKEN

ca. 600 g Stängel und Blattstiele von **Wiesenbärenklau**, Giersch und Beinwell
Salz
60 g Hartkäse
60 g Parmesan
80 g Butter
150 g Sahne
Pfeffer aus der Mühle
2 EL fein geschnittene Wildkräuter (die Blätter der verwendeten Stängel sowie Gundermann und Quendel)

AUFLAUFFORM (CA. 27 x 18 CM)
FETT FÜR DIE FORM

Die falschen »Spargelstangen« in Salzwasser oder in einem Topf mit Dämpfeinsatz bissfest garen. Den Backofen auf 200 °C (Ober-/Unterhitze) vorheizen.
Die Auflaufform fetten und die Stangen hineinschichten. Beide Käsesorten fein reiben. Die Butter in einem Topf schmelzen, die Sahne dazugeben, dann die Hälfte des gemischten Käses unter Rühren darin auflösen. Vom Herd nehmen, mit Salz und Pfeffer abschmecken und die fein geschnittenen Kräuter unterrühren.
Die Masse über den Spargel gießen, den restlichen Käse darüberstreuen und im Ofen 30 Minuten überbacken. Dazu passen das Grüne Püree (s. S. 34) oder Pellkartoffeln sowie die Fleischküchle »Gundermann« (s. S. 39).

WIESENBÄRENKLAU
Heracleum sphondylium

WEISSER GÄNSEFUSS

Chenopodium album

Sein Name kommt nicht von ungefähr: Vor allem die größeren Blätter, die weiter unten an der Pflanze sitzen, haben eine Form, die tatsächlich an einen patschigen Gänsefuß erinnert. Die Blüten bilden Rispen und sind wie kleine Knäuel angeordnet. Die ganze Pflanze wirkt wie mit Mehl bestäubt und schimmert weißlich und grau-grün. Man findet den Weißen Gänsefuß am Weges- und Straßenrand oder auf dem Acker. Junge Blätter und Sprosse ergeben ein sehr mild schmeckendes Wildgemüse, das man nicht nur wie Spinat verarbeiten kann, sondern auch für allerlei Wildkräuterfüllungen. Es harmoniert mit den verschiedensten Zutaten. Zudem ist das Kraut reich an Vitamin C. Früher wurde es als Mittel gegen Wurmerkrankungen eingesetzt.

Den ausgedrückten Saft der Stängel kann man als Mittel bei Sonnenbrand verwenden.

KARTOFFELTASCHEN MIT GÄNSEFUSSFÜLLUNG

Für die Füllung:
75 g Gänsefußblätter
1 Bio-Ei
50 g Bergkäse
200 g Frischkäse
Salz
1 EL Dinkelgrieß

Für die Kartoffeltaschen:
500 g mehligkochende Kartoffeln
150 g Dinkelmehl, plus mehr bei Bedarf
1 Bio-Ei
2 EL Öl
Salz
frisch geriebene Muskatnuss
Pflanzenöl zum Ausbacken

Außerdem:
1 Handvoll Gänsefußblüten
Salz
1 EL Butter

MEHL ZUM ARBEITEN

Die Gänsefußblätter putzen, waschen und mit etwas Wasser im Topf wie Spinat zusammenfallen lassen. Abkühlen, ausdrücken und klein schneiden. Das Ei trennen, das Eiweiß für später kalt stellen. Den Bergkäse fein reiben. Den Frischkäse mit Eigelb, Salz, Grieß, Bergkäse und Gänsefußgemüse mischen.
Die Kartoffeln für den Teig weich kochen, noch warm schälen und anschließend durch die Kartoffelpresse in eine Schüssel drücken. Mehl, Ei, Öl, etwas Salz und Muskatnuss zugeben und alles mit der Hand zu einem geschmeidigen Teig verkneten. Sollte er noch kleben, etwas mehr Mehl einarbeiten, bis sich der Teig gut auswellen lässt. Auf einer mit Mehl bestreuten Arbeitsplatte den Kartoffelteig etwa ½ cm dick ausrollen.
Mit einem Glas oder einer Schüssel (ca. 10 cm Ø) 8–10 Kreise ausstechen. 2 TL von der Füllung in die Mitte setzen. Das beiseitegestellte Eiweiß verquirlen. Den Teigrand mit Eiweiß bestreichen und den Kreis zusammenklappen. Den Rand etwas andrücken.
In einer großen beschichteten Pfanne reichlich Öl erhitzen und die Kartoffeltaschen von beiden Seiten knusprig goldbraun ausbacken. In der Zwischenzeit die Gänsefußblüten in etwas Salzwasser etwa 2 Minuten blanchieren, dann kalt abschrecken. Sie erhalten dabei eine schöne, dunkelgrüne Farbe und sind nussig-knackig. Die Butter in einer Pfanne zerlassen und die Blüten darin schwenken. Vor dem Servieren über die Kartoffeltaschen geben.

WIESENKÜMMEL
Carum carvi

Beim Sammeln von Wiesenkümmel ist Vorsicht geboten! Denn der weiß blühende Doldenblütler kann leicht mit giftigen Pflanzen wie Gemeiner Hundspetersilie oder Geflecktem Schierling verwechselt werden. Selbst Kräuterpädagogen haben davor Respekt. Ein ganz typisches Kennzeichen des Wiesenkümmels ist das sogenannte Kümmelkreuz. Zupft man bei den unteren Blattfiedern die längeren Fiederchen ab, so bleiben direkt am Stängel vier kurze Fiedern übrig und bilden ein Kreuz. Um ganz sicher zu sein, den Wiesenkümmel vor sich zu haben, empfiehlt es sich, beim Sammeln ein Bestimmungsbuch und eine Lupe zu benutzen, um entscheidende Details zu erkennen. Kümmel wird vor allem als Gewürzpflanze kultiviert. Besonders seine Samen beziehungsweise Früchte sind reich an ätherischen Ölen, die den charakteristischen Kümmelgeschmack ausmachen. Auch die grünen Blätter können als Gewürz verwendet werden, sind aber viel milder.

Kümmel regt die Verdauung an, hilft bei Blähungen sowie Völlegefühl und hat krampflösende Eigenschaften. Deshalb wurde er zur Arzneipflanze des Jahres 2016 gewählt. Seine Früchte kommen traditionell in schwer verdauliche Gerichte wie Sauerkraut. Hier hilft in flüssiger Form beispielsweise auch ein skandinavischer Aquavit.

Zu finden ist der Wiesenkümmel, wie sein Name schon sagt, auf Wiesen und an Wegrändern.

KRAUTSALAT MIT WIESENKÜMMEL

1 kleiner Kopf Weißkraut
2 Karotten
200 ml Essig
150 ml Sonnenblumenöl
80 g Zucker
1 TL Salz
1–2 Handvoll Blüten und/oder Blätter sowie 2 EL Früchte, vom **Wiesenkümmel**

Vom Weißkraut mögliche unansehnliche Blätter entfernen, den Krautkopf vierteln und den Strunk herausschneiden. Die Weißkrautviertel dünn hobeln. Die Möhren schälen, grob raspeln und unter das Weißkraut mischen.
Essig, Öl, Zucker und Salz in einem Topf aufkochen und noch heiß über die Krautmischung gießen. Das Kümmelgrün vom Stängel und die Blüten klein zupfen. Zusammen mit den Kümmelfrüchten gut unter den Salat mengen. Vor dem Servieren mindestens 2 Stunden durchziehen lassen.

Die ätherischen Öle, die für das typische Aroma verantwortlich sind, stecken in den winzigen Furchen der Kümmelfrüchte. Noch mehr davon geben sie ab, wenn man sie vor dem Würzen in einem Mörser leicht anstößt.

BEIFUSS
Artemisia vulgaris

MÄDESÜSS

Filipendula ulmaria

SCHAFGARBE

Achillea millefolium

WIESENSALBEI

Salvia pratensis

Mit seiner leicht würzigen Strenge passt Wiesensalbei gut zu Gorgonzola. Seine Blätter schmecken weniger intensiv als die des Echten Salbeis. Milder sind auch seine Heileigenschaften bei Hals- und Rachenentzündung oder zur Schweißhemmung. Er mag trockene und sonnige Magerwiesen. Dort entfaltet er an den Stängeln mit dem quadratischen Querschnitt seine leuchtend blauen, schönen Blüten. Er gehört zu den Lippenblütlern. Die »Unterlippe« der Blüte dient vor allem Hummeln als Landeplatz. Wenn sie den Nektar tief im Kelch saugen, »tippen« durch einen speziellen Mechanismus die Staubbeutel auf den Rücken der Insekten und hinterlassen dort ihren Pollen. Damit bestäuben die Hummeln dann die nächste Blüte.

Auch die Salbeiblüten sind essbar – zum einen als genießbare Dekoration und Farbtupfer auf verschiedenen Speisen, zum anderen ergeben sie eingekocht einen kräftig gefärbten Sirup.

HALBSEIDENE SALBEI-KLÖSSE MIT KOHLRABI-KASSLER-TOPF

Für die Klöße:
1,2 kg mehligkochende Kartoffeln
120 g Kartoffelmehl
1 Bio-Ei
100 ml Vollmilch
Salz
1 Handvoll **Wiesensalbeiblüten**
8 mittelgroße **Wiesensalbeiblätter**
50 g Gorgonzola

Für den Kohlrabi-Kassler-Topf
800 g Kohlrabi
400 g rohes Kassler
1 Zwiebel
4 EL Olivenöl
500 ml Gemüsebrühe
75 g Gorgonzola
Wiesensalbeiblüten zum Servieren

KARTOFFELPRESSE

Die Hälfte der Kartoffeln weich kochen, pellen und noch heiß durch die Kartoffelpresse drücken. Die andere Hälfte der Kartoffeln schälen, fein reiben und in einem Tuch sehr gut auspressen. Rohe und gekochte Kartoffeln sowie Kartoffelmehl in einer Schüssel mischen. Ei und Milch unterrühren und mit Salz abschmecken.
Die Wiesensalbeiblüten auszupfen. Die Blätter waschen und trocken tupfen. Den Gorgonzola in Würfel schneiden. Einen großen Topf mit Salzwasser erhitzen. Aus dem Kloßteig mit angefeuchteten Händen 8 kleine Klöße formen. Eine Mulde hineindrücken und mit jeweils einem Salbeiblatt, etwas Gorgonzola sowie einigen Blütenblättern befüllen. Die Klöße verschließen und im siedenden Salzwasser etwa 20–25 Minuten gar ziehen lassen. Mit einem Schaumlöffel aus dem Wasser heben und warm halten.
Für den Kohlrabi-Kassler-Topf die Kohlrabis putzen, schälen und in etwa 2 cm große Würfel schneiden. Das Kassler trocken tupfen und ebenfalls 2 cm groß würfeln. Die Zwiebel schälen, hacken und im Olivenöl anbraten. Die Fleischwürfel zugeben und mitbraten. Die Gemüsebrühe angießen und 10 Minuten lang kochen. Danach Kohlrabi und Gorgonzola zufügen und alles weitere 10 Minuten köcheln. Den Kohlrabi-Kassler-Topf zusammen mit den Klößen anrichten und unmittelbar vor dem Servieren mit Wiesensalbeiblüten bestreuen.

WILDE MÖHRE
Daucus carota

Die Wilde Möhre ist die Mutter aller Kulturmöhren bzw. -karotten. Ihre Wurzel ist allerdings weiß, nicht orange-rot, und auch nur fingerdick. Sie ist essbar, doch nur im ersten Jahr. Später wird sie faserig und verholzt. Alle anderen Pflanzenteile kann man ebenfalls essen. Die Blätter ähneln denen der Karotte sehr und haben auch einen leichten Karottengeschmack und -geruch. Die weißen Doldenblüten zeigen einen charakteristischen violetten bis schwarzen Punkt in der Mitte. Das ist die »Lock- oder Möhrenblüte«, die vor allem Fliegen magisch anzieht. Man kann die Blüten in Ausbackteig frittieren oder klein gehackt zum Würzen verwenden. Wenn die Wilde Möhre ihre Samen bildet, formt der Blütenstand ein kleines, weiches Nest oder Körbchen. Die Samen lassen sich in der Pfanne rösten und können über Salat oder Suppe gestreut werden. Sie gelten als entwässernd und eignen sich als Tee zum Durchspülen der Harnwege.

Die Wilde Möhre mag es trocken und warm. Auf Wiesen ist sie weit verbreitet. Von Juni bis September »winken« ihre Blüten auch am Straßenrand.

WILDE-MÖHRE-KÜCHLE AUF LINDENBLÜTEN-SABAYON

VOR-BEREITUNGS-ZEIT

Für das Lindenblüten-sabayon:
1 Handvoll Lindenblüten
250 ml Sekt
2 Bio-Eier
2 TL Maisstärke
50 g Honig

Für die Wilde-Möhre-Küchle:
ca. 16 Blütenstände von der **Wilden Möhre**
125 g Mehl
1 Prise Salz
etwa 150 ml Weißwein
1 Bio-Ei
Pflanzenöl zum Ausbacken

Für das Sabayon die Lindenblüten mit Sekt übergießen und über Nacht im Kühlschrank ziehen lassen.
Am nächsten Tag für die Küchle die Wilde-Möhre-Blütenstände für etwa 1 Stunde auf einem Geschirrtuch auslegen, damit sich kleine Insekten entfernen können. Das Mehl mit Salz und Wein glatt rühren, das Ei zugeben. Etwa 20 Minuten stehen lassen; der Teig sollte zähflüssig, aber nicht zu fest sein. Das Öl in einer Pfanne stark erhitzen. Die Möhrenblüten am Stielende anfassen, durch den Teig ziehen und portionsweise im heißen Öl ausbacken. Auf Küchenkrepp abtropfen lassen.
Die getränkten Lindenblüten abseihen und den Sekt auffangen. Die Eier trennen, dabei die beiden Eiweiße separat aufbewahren. Es wird nur 1 Eiweiß benötigt, das zweite anderweitig verwenden. Die Eigelbe mit der Stärke anrühren und mit Sekt und Honig mischen. Über dem heißen Wasserbad langsam erhitzen und rühren, bis die Masse leicht andickt. Nicht kochen lassen! Das Eiweiß zu steifem Schnee schlagen und unter die Sekt-Ei-Masse ziehen. Noch warm auf Tellern anrichten und die Wilde-Möhre-Küchle darauf servieren.

HERBST UND WINTER

EIBE – Taxus baccata

EICHE – Quercus robur

MEERRETTICH – Armoracia rusticana

NACHTKERZE – Oenothera biennis

NELKENWURZ – Geum urbanum

PASTINAK – Pastinaca sativa

SCHLEHE – Prunus spinosa

TOPINAMBUR – Helianthus tuberosus

VOGELBEERE – Sorbus aucuparia

VOGELMIERE – Stellaria media

WEISSDORN – Crataegus monogyna

Herbst und Winter:

Bunte Beeren

und Bodenschätze

Wenn die Tage wieder kürzer und die Nächte kühler werden, welken die Kräuter oder ziehen sich in die Erde zurück. Doch vorher verbreiten sie noch ihre Samen und Früchte, damit auch im nächsten Jahr der Fortbestand der Pflanzen sowie unsere Ernte gesichert sind. Vor allem in Gebüsch und Hecken geht es noch überaus farbenfroh zu. Rot leuchten ***Hagebutten, Weißdornfrüchte*** *und* ***Vogelbeeren****. Blau-schwarz schimmern* ***Holunderbeeren*** *und* ***Schlehen****. Wenn sie reif sind, können sie gepflückt und zu einem köstlichen Kräutervorrat für die kalte Jahreszeit verarbeitet werden. Tee, Marmeladen und Gelees aus diesen Früchten versorgen uns im Winter mit Vitaminen. Vor allem in flüssiger Form als Schnaps oder Likör bereiten sie uns besonderen Genuss. Ein nussiges Vergnügen bescheren uns nicht nur* ***Hasel-*** *und* ***Walnüsse****, die jetzt von den Bäumen fallen, sondern auch die kleinen »Nüsschen« der* ***Brennnessel****. Ihre winzigen Früchte lassen sich sammeln und trocknen. Dann ergeben sie ein nussiges Topping, das über nahezu jede Speise gestreut werden kann und obendrein noch als echte Vitalstoff-»Bombe« wirkt. Der Herbst ist auch die traditionelle Wurzelgräber-Zeit. Pflanzen wie* ***Nachtkerze*** *und* ***Löwenzahn*** *sammeln nun ihre ganzen Kräfte in der Wurzel. Alkoholische Auszüge daraus stärken die Abwehrkräfte oder wirken als Tonikum und Magenbitter. Die Wurzel des* ***Meerrettich****s bringt Schärfe in herbstliche Gerichte und wärmt von innen wie von außen. Aber selbst mitten im Winter bescheren uns einige Wildkräuter noch knackig-grüne Frische. Das* ***Gänseblümchen*** *verrät dies schon in seinem botanischen Namen »Bellis perennis«. Das bedeutet schön und ausdauernd, denn selbst unter einer Schneedecke sind die Rosetten aus essbaren Blättchen zu entdecken. Die zarten Triebe der* ***Vogelmiere*** *kann man noch auf abgeernteten Äckern finden. Sie blüht bei milder Witterung selbst mitten im Winter.*

KRÄUTER PORTRÄT S. S. 22

KARPFENFILET MIT BRENNNESSELPANADE

ca. 800 g Karpfenfilet
frisch gepresster Zitronensaft
Salz und Pfeffer aus der Mühle
1–2 Bio-Eier
Öl zum Ausbacken
Mehl
2 Handvoll **Brennnesselsamen**

Das Karpfenfilet in 8 etwa gleich große Stücke teilen, mit Zitronensaft beträufeln und mit Salz und Pfeffer würzen. Ein Ei verquirlen, das zweite bei Bedarf dazuschlagen. Etwas Öl in einer Pfanne erhitzen. Den Fisch zuerst in Mehl wenden, dann in das Ei tauchen. Zum Schluss in den Brennnesselsamen wälzen. Im heißen Öl knusprig ausbacken. Kurz auf Küchenpapier abtropfen lassen, dann sofort servieren. Als Beilage passt Kartoffelsalat mit Gänseblümchen (s. S. 162).

Von September bis April – also in allen Monaten mit einem »r« – ist Karpfen der fränkische Küchenklassiker. Vor allem der Aischgründer Spiegelkarpfen mit seinem hohen Rücken und nur wenigen großen Schuppen kommt in die Pfanne. Das Rezept funktioniert aber natürlich auch mit anderen Teich- oder Flussfischen bzw. Fischfilet.

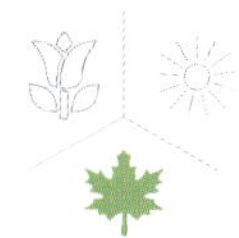

BRENNNESSELBROT AUS DEM BLUMENTOPF

4 EL **Brennnesselblätter** und/oder **-samen**
700 g Weizenvollkornmehl
300 g Roggenmehl
1 Würfel Hefe
50 g Butter
1 EL Kräutersalz (s. S. 56)
Butter
1–2 Bio-Eigelb

2 NEUE BLUMENTÖPFE AUS TON (18 CM Ø)
BUTTER FÜR DIE TONTÖPFE
(ERGIBT 2 BROTE)

Die Blumentöpfe 1–2 Stunden lang wässern. Die Brennnesselblätter waschen, trocken tupfen und klein schneiden.
Beide Mehlsorten in eine Schüssel geben. Die Hefe zerbröckeln und mit Butter, Salz, Brennnesselblättern und -samen sowie 750 ml lauwarmem Wasser vermengen. Alles gut verkneten, dann den Teig 15–20 Minuten gehen lassen.
Die nassen Töpfe gut abtrocknen und mit etwas Butter einfetten. Den Teig nochmals durchkneten, dann in die Töpfe füllen.
Auf der zweiten Schiene von unten in den kalten Backofen schieben. Bei höchster Temperatur (Ober-/Unterhitze) ca. 50 Minuten backen. Dann die Brote mit Eigelb bestreichen und bei 200 °C weitere 10 Minuten backen.

EIBE
Taxus baccata

Der einzige Teil der Eibe, der nicht giftig ist, ist der rote fleischige Mantel ihrer Früchte. Holz, Rinde, Nadeln und Samen sind tödlich giftig! Daher ist im Umgang mit der Eibe und ihren Früchten Vorsicht geboten und man sollte sicherheitshalber ein Bestimmungsbuch verwenden. Der Samen, der vom Fruchtmantel umgeben wird, darf nicht geschluckt und erst recht nicht zerkaut werden. Jede Frucht hat nur einen einzigen, schwarzen »Kern«, der von außen gut zu sehen ist. Doch wer beim Naschen den giftigen Samen in der Mitte ausspuckt, kann die Früchte durchaus essen. Sie schmecken süß und sind etwas schleimig. Trocknet man sie, kann man den Samen leicht entfernen und sie wie Dörrobst essen oder wie eine Art natürliche Gummibärchen kauen. Kindern sollte man sicherheitshalber aber nichts von dieser natürlichen Nascherei erzählen!

Die Eibe ist ein immergrüner Nadelbaum mit weichen, dunkelgrünen Nadeln, deren Oberseite glänzt. Charakteristisch ist die schuppige Borke, die graubraun bis rötlich gefärbt ist und sich bei älteren Bäumen wie in Fetzen ablöst. Es gibt männliche und weibliche Exemplare. Eiben werden sehr alt und wachsen nur langsam. Aus ihrem harten, aber elastischen Holz wurden früher Bögen hergestellt. Mit dem toxischen Eibensaft wurden die Pfeile vergiftet. Da die Bäume am liebsten im Schatten wachsen, sah man in ihnen eine Verbindung zur Unterwelt. Heute ist die Eibe als wilde Form selten geworden und daher geschützt. In der Volksheilkunde wurden die Nadeln als Herz-, aber auch als Abtreibungsmittel eingesetzt. Interessant ist ihre heutige Anwendung in der Krebstherapie.

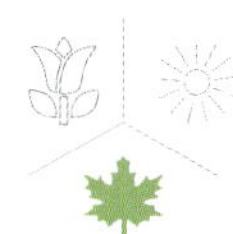

VOR-BEREITUNGS-ZEIT

KLETZENBROT MIT WILDEN FRÜCHTEN

75 g **Eibenfrüchte**
100 g getrocknete Hagebuttenschalen (ohne Kernchen)
300 g Dörrobst (z. B. Zwetschgen, Birnen, Äpfel und Feigen)
100 ml Birnensaft
½ Würfel Hefe
1 TL Honig
75 g Mehl
1 Bio-Ei
10 g Kakao
je 1 Msp. Zimt-, Nelken- und Kardamompulver
50 g ganze, ungeschälte Mandeln
50 g Walnusskernhälften

KASTENFORM (CA. 30 x 14 CM)
BUTTER UND MEHL FÜR DIE FORM

Die Eibenfrüchte etwa 5–7 Tage auf einem mit Küchentuch ausgelegten Gitter trocknen lassen, bis sie gummiartig und etwas zäh sind. Dann die Kerne herausdrücken (sehr wichtig, denn die Kerne sind giftig!). Zusammen mit den Hagebuttenschalen in einen Topf füllen.

Das Dörrobst in kleine Würfel schneiden, mit in den Topf geben und den Birnensaft darübergießen. Einmal aufkochen, dann vom Herd nehmen und über Nacht aufquellen lassen.

In einer großen Schüssel die Hefe zerbröckeln, den Honig darüberträufeln und einige Minuten aufgehen lassen.

Mehl, Ei, Kakao und Gewürze zur Hefe-Honig-Mischung geben. Alles mit 1 EL lauwarmem Wasser verrühren. Mandeln, Walnusshälften und gequollene Früchte unterkneten. Die Schüssel abdecken und 2 ½ Stunden gehen lassen.

Eine Kastenform mit Butter fetten und mit Mehl bestäuben. Den Teig in die Form füllen und über Nacht bei Zimmertemperatur gehen lassen (er geht nur sehr wenig auf). Den Backofen auf 150 °C (Ober-/Unterhitze) vorheizen und das Kletzenbrot ungefähr 1 ½ Stunden backen. Gut auskühlen lassen, dann in Alufolie wickeln und 4–5 Tage durchziehen lassen.

Kühl aufbewahrt und in Alufolie gewickelt hält es 2–3 Wochen, wenn nicht sogar länger.

Die meisten KräuterpädagogInnen waschen die Kräuter vor der Zubereitung nicht, wenn sie sie an unbelasteten Stellen gesammelt haben. Es ist ähnlich wie beim Regen: Wertvolle Vitalstoffe und Aromen werden vom Wasser weggespült. Andererseits sind Wildkräuter so reich damit gesegnet, dass noch genügend davon übrig bleiben. Das können Sie für sich selbst entscheiden. Bei Blüten jedoch sollten Sie aufs Abspülen verzichten. Sie sind so zart und werden schnell unansehnlich.

Wenn Sie noch nicht mit Wildkräutern gekocht haben, sollten Sie langsam einsteigen und anfangs geringere Mengen verwenden, bis sich Ihr Körper daran gewöhnt hat. Entscheiden Sie selbst, wie viel davon gut für Sie ist – nicht jeder verträgt alles und in der gleichen Dosis. Arbeiten Sie mit Gefühl und improvisieren Sie. Ersetzen Sie auch einmal Kräuter durch bereits bekannte.
Beim Zerkleinern schneiden Sie am besten mit einem scharfen Messer. Hacken zerquetscht oft nur die Pflanzenteile und der Saft, und damit das Aroma, versickert im Brett.
Beim Kochen selbst ist es wichtig, die Kräuter nicht »totzukochen«, sondern sie erst zum Schluss in den Topf zu geben. Werden sie zu lange gekocht, überwiegt oft der bittere Geschmack und die feineren Nuancen gehen verloren. Außerdem verwandelt sich dann die schöne grüne Farbe in ein unappetitliches Grau-Grün. Für die Inhaltsstoffe ist es ohnehin besser, wenn sie nur kurz gekocht werden. Möchten Sie Ihre gepflückten Wildkräuter konservieren, gibt es verschiedene Möglichkeiten.
Zum Trocknen breiten Sie das Sammelgut großflächig und in möglichst dünnen Lagen aus. Am besten geeignet ist dafür ein Gitter, das Sie mit einem frischen Geschirrtuch auslegen. Die Blätter und Blüten sollten im Ganzen getrocknet und dabei öfters gewendet werden. So bewahren sie ihr Aroma. Ein luftiger, trockener und warmer Platz ist am geeignetsten – nicht in der Sonne! Wenn die Kräuter beim Zerdrücken rascheln, sind sie getrocknet und können in dunklen Gläsern oder Weißblechdosen luftdicht verschlossen und kühl aufbewahrt werden. Das Beschriften mit Pflanzenname und Datum nicht vergessen! Beim Aufbrühen von Tee oder zum Würzen die Kräuter erst unmittelbar vor der Zubereitung zerkleinern.

Auch Salz und Zucker konservieren. Kräuter können Sie mit einem Natursalz ganz einfach zu einem Kräutersalz vermahlen oder Sie kochen Gelee oder Marmelade, damit Sie das ganze Jahr über Wildpflanzen genießen können. Ein Wildkräuterpesto ist eine weitere Möglichkeit, sie haltbar zu machen. Hier können Sie experimentieren: Giersch und Brennnessel, Löwenzahn und Wiesenschaumkraut oder eine wilde Mischung »einmal quer durch den Garten«!
Konservieren geht natürlich auch in flüssiger Form. Durch Einlegen erhalten Sie schmackhafte Öle und Essige zur weiteren Verwendung in der Küche. Oder Sie kochen köstlichen Sirup aus Blüten und Blättern. Eine »geistvolle« Variante sind Schnaps und Likör, sei es ein Magenbitter aus Wurzeln oder ein süßer alkoholischer Auszug aus Beeren und anderen Früchten.
In der Küche verwende ich aus ethischen Gründen ausschließlich Eier, Milchprodukte und Fleisch in Bioqualität. Das möchte ich Ihnen abschließend zum Thema Kochen noch generell ans Herz legen.

WIE GEHT'S?
Kochen & Konservieren
Bärlauch-Kapern
wilde möhre
kräuter-erlebnisse

EICHE

Quercus robur

Ihre Früchte, die in den »Pfeifchen« sitzenden Eicheln, sind bei Eichhörnchen und Schweinen ein beliebtes Futter. Aber auch der Mensch kann sie als Nahrung verwenden. Die Eicheln können als Kaffeeersatz dienen und sogar als »Streckmehl«, zum Beispiel auch für Plätzchen und Brot, genutzt werden. Allerdings bindet das Eichelmehl nicht und muss zum Backen mit anderen Mehlsorten gemischt werden. Die jungen, noch zarten und fast durchscheinenden Blätter sind essbar und bereichern den Speiseplan als Salat. Sie schmecken leicht nussig, doch sobald sie sich kräftig grün gefärbt haben, bekommen sie einen unangenehmen, zusammenziehenden Geschmack – dann verwendet man sie nicht mehr. Die Eiche ist weit verbreitet; das macht das Sammeln leicht. Anhand ihres Laubes mit dem typischen stumpf gezahnten Blattrand, das übrigens auch auf der Rückseite des 1-Cent-Stücks zu sehen ist, erkennen die meisten Menschen die Eiche sehr gut.

Die Stieleiche kann über 1.000 Jahre alt werden. Ihre Verehrung reicht noch viel weiter zurück, bis in die Antike, wo sie als heiliger Baum dem Gott Zeus geweiht war. Sie ist auch ein alter Gerichtsbaum und ein typisch deutscher Wappenbaum. Ihr Holz war im Schiffsbau und in der Fertigung von Fässern begehrt, denn es ist reich an Gerbstoffen, die es vor Pilzbefall und Insektenfraß schützen. Besonders viel davon enthält die Rinde, die daher auch zu Heilzwecken genutzt wird. Sie wirkt entzündungshemmend und blutstillend.

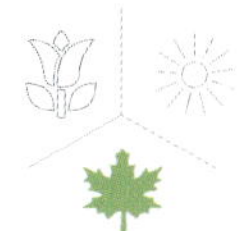

EICHELKAFFEE

Pro Tasse:
200 g **Eicheln**

1 SCHRAUBGLAS

Für 100 ml Eichelkaffee benötigt man etwa doppelt so viele Eicheln. Es empfiehlt sich, gleich eine größere Menge auf Vorrat herzustellen.

Damit sie sich leichter schälen lassen, die Eicheln in einer Pfanne mit Deckel ca. 10 Minuten leicht rösten, dabei ab und zu schwenken. Die aufgeplatzten Schalen ablösen und schadhafte Kerne aussortieren.

Die Eichelfrüchte 1–2 Tage in Wasser einlegen, um die Gerbstoffe herauszulösen. Das Wasser dabei zweimal abgießen und mit frischem auffüllen. Die Eicheln nach dem Wässern in einem Sieb abtropfen lassen. Anschließend in kaffeebohnengroße Stücke schneiden und bei 50 °C (Umluft) im Backofen bei leicht geöffneter Tür 1–2 Stunden trocknen. In einem verschließbaren Glas lassen sie sich etwa 6 Monate aufbewahren.

Damit die Röstaromen nicht verfliegen, die Eicheln erst kurz vor der Verwendung als Kaffee auf einem Blech im Backofen bei 220 °C (Ober-/Unterhitze) so lange rösten, bis sie dunkelbraun, aber nicht verkohlt sind. Dabei öfters wenden. Die gerösteten Eichelstücke in der Kaffeemühle mahlen und wie Filterkaffee zubereiten.

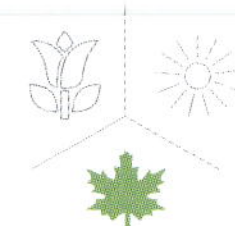

WALDPILZE MIT FICHTENNADELSALZ

KRÄUTER PORTRÄT S. S. 25

Für das Fichtennadelsalz:
1 TL **Fichtennadeln**
½ TL abgeriebene Schale von 1 Bio-Zitrone
1 EL Salz

Für die Waldpilze:
750 g gemischte Pilze (z. B. Steinpilze, Pfifferlinge, Maronen-Röhrlinge, Rotkappen)
3 Schalotten
40 g Butter
Pfeffer aus der Mühle

Fichtennadeln, Zitronenschale und Salz in einem schweren Mörser zerreiben. Grobe Teile aussieben.
Die Pilze säubern, putzen und blättrig schneiden. Die Schalotten schälen und fein würfeln. Die Butter in einer Pfanne zerlassen und die Schalotten darin andünsten. Die Pilze zugeben und 10–15 Minuten braten. Mit Fichtennadelsalz und Pfeffer würzen.

Das Fichtennadelsalz vorsichtig zum Würzen verwenden, sonst schmeckt es unangenehm vor.

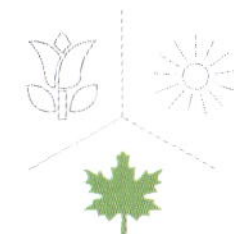

WILDSCHWEINBRATEN MIT FICHTENNADELKRUSTE

4 EL **Fichtennadeln**
4 EL Olivenöl
1 kg Wildschweinbraten (aus der Keule)
Salz
2 EL Butterschmalz
2 Zwiebeln
1 Karotte
125 ml Rotwein
125 ml Fleischbrühe
¼ Stück Soßenlebkuchen
Pfeffer aus der Mühle

Die Fichtennadeln mit dem Wiegemesser fein zerkleinern und mit dem Olivenöl vermischen. Das Fleisch kurz abspülen, trocken tupfen und mit Salz einreiben, dann mit dem Fichtennadelöl rundum bestreichen. Das Fleisch bei Zimmertemperatur etwa 4 Stunden ruhen lassen.

Das Butterschmalz in einem Bräter zerlassen und den Wildschweinbraten darin von allen Seiten anbraten. Den Backofen auf 160 °C (Ober-/Unterhitze) vorheizen. Zwiebeln und Karotte schälen und grob würfeln. Das Fleisch aus dem Bräter nehmen und das Gemüse im Bratrückstand anrösten. Rotwein und Fleischbrühe angießen, den Braten wieder hineinsetzen und etwa 2 ½ Stunden (je nach Dicke) im Ofen garen. Dabei mehrmals mit dem Fond übergießen.

Den fertig gegarten Braten herausnehmen, in Alufolie wickeln und 10 Minuten ruhen lassen. In der Zwischenzeit den Fond pürieren. Den Soßenlebkuchen in etwas Wasser auflösen und unter die Sauce rühren. Mit Salz und Pfeffer abschmecken.

Den Braten in Scheiben schneiden und mit der Sauce servieren.

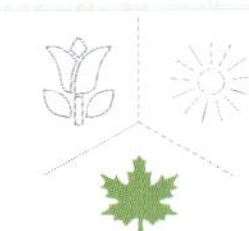

GÄNSEBLÜMCHEN-KARTOFFEL-SALAT

KRÄUTER PORTRÄT S. S. 28

800 g festkochende Kartoffeln
2 Handvoll **Gänseblümchenblätter**
1 Zwiebel
8 Radieschen
2 Gewürzgurken aus dem Glas
2 EL Bärlauchessig (s. S. 15)
5 EL Sonnenblumenöl
2 EL mittelscharfer Senf
150 ml Gemüsebrühe
Salz und Pfeffer aus der Mühle
1 Handvoll **Gänseblümchenköpfe** und **-knospen** zum Garnieren

Die Kartoffeln gar kochen, dann pellen und in Scheiben schneiden. Die Gänseblümchenblätter verlesen, waschen und trocken tupfen.

Die Zwiebel schälen, die Radieschen waschen und putzen, dann alles mit den Gurken fein würfeln. Zusammen mit den Kartoffeln und den Gänseblümchenblättern in einer Schüssel vorsichtig mischen.

Aus Essig, Öl, Senf, Brühe, Salz und Pfeffer ein Dressing anrühren und unter den Salat heben. Die Gänseblümchenköpfe und -knospen darüberstreuen und servieren.

Anstelle frischer Hagebutten können auch 25 g getrocknete und halbierte Früchte ohne Kerne verwendet werden. Die Kochzeit ist dabei etwas länger.

VORBEREITUNGSZEIT

KRÄUTERPORTRÄT S. S. 108

REHRÜCKEN MIT HAGEBUTTENSAUCE

Für den Rehrücken:

1 Rehrücken mit Knochen (ca. 2 kg)
12 dünne Scheiben Räucherspeck
Rotwein
Salz und Pfeffer aus der Mühle
gemahlener Piment
Butterschmalz
2 mittelgroße Zwiebeln

Für die Hagebuttensauce:

180 g frische, noch feste **Hagebutten**
250 ml Rotwein
2–3 TL Honig
je 3 Msp. gemahlene Nelke, Zimtrinde, Muskatnuss
Salz

Den Rehrücken trocken tupfen. Das Fleisch mit den Speckscheiben belegen und mit Küchengarn umbinden. Ein Geschirrtuch gut mit Rotwein tränken, das Fleisch darin einwickeln und über Nacht im Kühlschrank marinieren.

Am nächsten Tag das Fleisch mit Salz, Pfeffer und Piment einreiben. Den Backofen auf 225 °C (Ober-/Unterhitze) vorheizen. Auf dem Herd etwas Butterschmalz in einem Bräter zerlassen und den Rehrücken von allen Seiten anbraten. Die Zwiebeln schälen, in Spalten schneiden, dazugeben und den Bräter auf der mittleren Schiene in den Ofen schieben. Nach 10 Minuten die Hitze auf 190 °C reduzieren und das Fleisch etwa 45 Minuten garen. Dabei immer wieder mit der geschmolzenen Butter begießen, damit das Fleisch saftig bleibt. Wenn er gar ist, den Braten herausnehmen, in Alufolie wickeln und ruhen lassen. Inzwischen das ausgetretene Fett teilweise abschöpfen. Etwa 200 ml Bratensaft für die Sauce auffangen.

Die Hagebutten waschen und Stielansätze sowie Blütenreste abschneiden. Die Früchte halbieren und entkernen. Die Fruchtschalen mit dem Rotwein in einem Topf erhitzen und etwa 20 Minuten köcheln, bis sie weich sind. Die Masse durch ein Sieb streichen und unter den Bratensaft rühren. Den Honig untermischen. Mit Nelke, Zimt, Muskat und Salz abschmecken. Das Fleisch auswickeln und vom Knochen lösen. Schräg in Scheiben schneiden und mit der Hagebuttensauce anrichten. Pastinakenpüree (s. S. 179) als Beilage dazuservieren.

SPITZBUBEN MIT HAGEBUTTENSPIEGEL

VOR-BEREITUNGS-ZEIT

Für das Hagebuttenmus:
500 ml Apfelsaft
100 g getrocknete **Hagebuttenschalen** ohne Kerne
ca. 500 g Gelierzucker 2:1

Für die Spitzbuben:
250 g weiche Butter
200 g Puderzucker
1 Pck. Vanillezucker
1 Bio-Ei
100 g fein gemahlene Mandeln
1 EL Arrak
1 EL Vollmilch
500 g Mehl
1 Msp. Backpulver

3–5 EINMACHGLÄSER
AUSSTECHFORMEN »KREIS« UND »KRINGEL«
(ERGIBT CA. 30 STÜCK)

Apfelsaft und 500 ml Wasser mischen und über die Hagebuttenschalen gießen. Abdecken und 24 Stunden stehen lassen. Am nächsten Tag die aufgeweichten Hagebutten durch ein Sieb streichen und die gesamte Flüssigkeit auffangen. Die Masse abwiegen, mit der entsprechenden Menge Gelierzucker nach Packungsanweisung kochen und in Einmachgläser abfüllen.
Den Backofen auf 180 °C (Ober-/Unterhitze) vorheizen. Die Butter schaumig schlagen. Dann nacheinander Puderzucker, Vanillezucker, Ei, Mandeln, Arrak und Milch unterrühren.
Zum Schluss das Mehl mit dem Backpulver vermischen und einkneten. Den Teig etwa 30 Minuten kalt stellen, dann sehr dünn auswellen. Gleich viele Kreise und Kringel ausstechen und im Ofen 5–7 Minuten zart hellgelb backen.
Die erkalteten Plätzchen-Kreise mit etwas Hagebuttenmus bestreichen und die Kringel daraufsetzen.

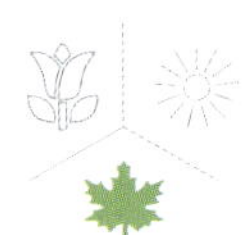

KRÄUTER PORTRÄT S. S. 102

HOLLERSUPPE MIT BLÜTENNOCKEN

1 kg reife **Holunderbeeren**
350 ml Apfelsaft
3 TL Maisstärke
2 süße Äpfel (z. B. Jonagold)
50 g Zucker
1 Zimtstange
2 Gewürznelken (oder eine Nelkenwurzwurzel)
30 g Butter
150 ml Vollmilch
100 ml Holunderblütensirup (s. S. 106)
80 g Weichweizengrieß

Aus Holunderbeeren und 500 ml Wasser zunächst einen Saft herstellen. Dazu die Beeren mit einer Gabel von den Dolden abstreifen und waschen. In einem Topf mit einem Kartoffelstampfer vorsichtig zerdrücken. Das Wasser auffüllen und etwa 10 Minuten kochen. Diesen Saft mit den Beeren durch ein feines Sieb streichen.

Von dem Saft 650 ml abmessen und mit dem Apfelsaft in einem Topf vermischen. 4 EL Saft abnehmen und die Stärke damit verquirlen. Die Äpfel schälen und das Kerngehäuse ausstechen. In Achtel teilen, dann diese feinblättrig in die Saftmischung schnippeln. Zucker, Zimtstange und Nelken dazugeben und alles aufkochen. Die angerührte Stärke einrühren und bei schwacher Hitze 5–10 Minuten kochen, bis die Apfelstücke weich sind. Zimtstange und Nelken aus der Suppe entfernen.

In der Zwischenzeit Butter, Milch und Holunderblütensirup in einen Topf füllen und aufkochen. Den Grieß zugeben, dann unter ständigem Rühren köcheln und eindicken lassen. Vom Herd ziehen und noch etwas quellen lassen.

Die Hollersuppe in Teller füllen, vom noch heißen Grießbrei mit zwei Teelöffeln kleine Nocken abstechen und hineinsetzen.

MEERRETTICH

Armoracia rusticana

In Franken heißt der Meerrettich Kren, im Itzgrund wird er »Merch« genannt. Es sind seine unterirdischen Teile, auf die man es abgesehen hat – nämlich seine scharfen, kräftigen Pfahlwurzeln. Sie erreichen oft eine Länge von einem halben Meter. Auch die Blätter können groß und leicht über einen Meter lang werden. Sie sind ungeteilt, sehr ledrig und kräftig grün. Im Vergleich zu den Blättern sind die weißen Blüten klein und unscheinbar. Wild wächst der Meerrettich am liebsten da, wo es feucht ist. Angebaut wird er aber schon seit dem frühen Mittelalter in der Bamberger und Nürnberger Gegend. Dort gingen die »Krenweibla« früher mit dem Meerrettich in ihren Huckelkörben hausieren und brachten die scharfen Stangen unter die Leute. Eine Meerrettich-Hochburg ist heute noch das mittelfränkische Baiersdorf, wo es sogar ein Meerrettich-Museum gibt.

Geriebener Meerrettich, oft in Zubereitung mit Sahne, ist die klassische Begleitung von Räucherlachs, gedünstetem Fisch und Tafelspitz. Er taugt aber nicht nur als Gewürz. Seine scharfen Senföle steigen beim Reiben in Augen und Nase – und das ist gut! Denn durch Inhalieren lassen sich Erkältungskrankheiten und Kopfschmerzen bekämpfen. Bei Verspannungen wird er als durchblutungsfördernde Auflage genutzt. Vor allem aber bei Harnwegsinfekten kann die Wurzel – früher als »Bauernantibiotikum« bestens bekannt – ihre antimikrobielle Wirkung voll ausspielen.

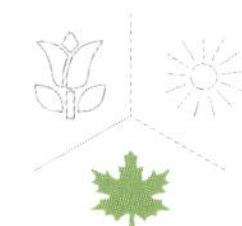

ROTE-BETE-SALAT MIT KREN

500 g rohe Rote Bete
1 Apfel
50 g Walnusskerne
1 kleine Zwiebel
200 g Joghurt
1 EL mittelscharfer Senf
1–2 EL geriebener **Kren** (Meerrettich)
2 EL Essig
1 EL Honig
Salz und Pfeffer aus der Mühle

Rote Bete und Apfel schälen und grob raspeln. Die Walnüsse hacken. Die Zwiebel schälen, hacken und mit Walnüssen, Roter Bete und Apfel in eine Schüssel geben.
Aus den restlichen Zutaten ein Dressing anrühren und mit der Rohkost mischen. Abschmecken und im Kühlschrank mindestens 30 Minuten durchziehen lassen.

KRENFLEISCH

1 Bund Suppengrün
1 kg Beinscheiben vom Rind
150 ml Vollmilch
¼–½ Stange **Kren** (Meerrettichwurzel)
7 gehäufte EL Semmelbrösel
Salz

Das Suppengrün putzen, klein schneiden und mit 1 l Wasser aufkochen. Die Beinscheiben hineinlegen und auf hoher Stufe etwa 2 Stunden kochen. Dann die Temperatur herunterschalten und das Fleisch 1 weitere Stunde weich garen.
Die Milch in einem Topf erhitzen. Den Kren schälen und fein reiben. Beides zusammen mit den Semmelbröseln zum Fleisch geben und alles etwa 5 Minuten köcheln lassen. Mit Salz abschmecken. Mit halbseidenen Klößen servieren.

NACHTKERZE
Oenothera biennis

Schneller als die Knospe der Nachtkerze entfaltet sich keine Blüte in ganz Mitteleuropa. Innerhalb weniger Sekunden erblüht sie – ein beeindruckendes Naturschauspiel! Das tut sie jedoch nur am Abend, und dann verströmt sie für kurze Zeit einen jasminähnlichen Duft, der Nachtfalter anlockt. Anschließend beginnt sie relativ schnell zu welken. Die großen gelben Blüten schmecken köstlich und saftig! Sie sprießen bis in den Herbst hinein, allerdings erst im zweiten Jahr, aus der Blattrosette am Boden. Deren Blätter sind länglich und spitz zulaufend. Auch sie kann man essen, doch als Gemüse kommt hauptsächlich die einjährige Wurzel in den Kochtopf. Sie ist relativ dick und rosa gefärbt, was ihr einst den Namen »Schinkenwurz« verlieh. Es hieß: Ein Pfund davon gibt so viel Kraft wie ein Zentner Ochsenfleisch!

Besonders begehrt sind heute die winzigen Samen in den Samenkapseln. Ihr Öl beruhigt gereizte, trockene Haut und fördert Zellwachstum und Zellregeneration. Es ist Zutat in Kosmetik und wird in der Therapie von Neurodermitis eingesetzt.

Man findet die Nachtkerze am Wegesrand und auf trockenen, kalkhaltigen Ödflächen. An einem Spross, der bis zu zwei Meter hoch werden kann, gibt es immer Knospen, Blüten und Samenkapseln gleichzeitig zu sehen.

Alle Pflanzenteile der Nachtkerze sind essbar. Die zarten Blüten sind eine ganz besondere Delikatesse. Die jungen Blätter lassen sich roh verzehren, ältere werden zu Kochgemüse oder wandern klein geschnitten in Auflauf- oder Strudelfüllungen.

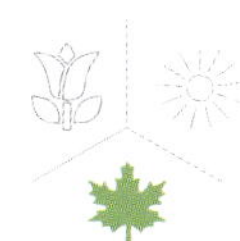

GESCHMORTES WURZELGEMÜSE

800 g gemischte Wurzeln (z. B. **Nachtkerze**, Pastinake, Topinambur, Wilde Möhre, Löwenzahn, Karotten, Kartoffeln)
2 Zwiebeln
4 EL Olivenöl
1 EL Rohrohrzucker
100 ml Rotwein
Salz und Pfeffer aus der Mühle
gemahlener Piment
1 EL Balsamicoessig

Die Wurzeln gründlich waschen, abbürsten und je nach Dicke vierteln oder achteln. Die Zwiebeln schälen und in Würfel schneiden. In einem großen Topf das Öl erhitzen und die Zwiebeln darin anschwitzen. Das Wurzelgemüse dazugeben und ein paar Minuten mitbraten. Den Zucker darüberstreuen und karamellisieren lassen.

Anschließend mit dem Rotwein ablöschen. Mit Salz, Pfeffer und Piment würzen und bei leicht geöffnetem Deckel etwa 20 Minuten schmoren, bis das Gemüse außen weich, innen aber noch bissfest ist. Zum Schluss alles mit Balsamico abschmecken.

NELKENWURZ

Geum urbanum

In früheren Zeiten, als die Nelke ein teures, weil exotisches Gewürz war, konnte man auf die einheimische Nelkenwurz zurückgreifen. Ihre feinfädige Wurzel enthält Nelkenöl und schmeckt und duftet ähnlich wie Gewürznelken, nur etwas zarter. Ebenso wie die Knospen des indonesischen Gewürznelkenbaums aromatisiert sie Speisen und Getränke. Außerdem ist die Nelkenwurz eine alte Heilpflanze: Hals-, Rachen- und Zahnfleischentzündungen sowie Zahnschmerzen wurden durch Gurgeln mit Tee aus der Wurzel bekämpft. Auch bei Magenbeschwerden und Übelkeit schwor die Volksmedizin auf ihre Hilfe.

Der aromatischen Wildpflanze wurden allerdings noch ganz andere besondere Kräfte zugesprochen. Laut Hildegard von Bingen galt sie als Aphrodisiakum, und das einfache Volk sagte ihr eine abschreckende Wirkung auf Hexen und den Teufel nach. Die Nelkenwurz wächst im lichten Wald und im Gebüsch. Sie ist eine immergrüne Pflanze und ihre weich behaarten jungen Blätter aus der Rosette am Boden können somit auch im Herbst und Winter, z. B. in Form eines Smoothies, als Frischpflanzen- und Vitaminquelle dienen.

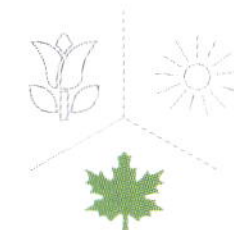

NELKENWURZPUNSCH

1 **Nelkenwurzwurzel**
1 Bio-Apfel
1 Bio-Zitrone
1 l roter Traubensaft
1–2 EL Honig
75 ml Obstlikör oder Obstbrand

TEEFILTERBEUTEL
(ERGIBT CA. 1 L)

Die Wurzel einer Nelkenwurz ausgraben, gründlich waschen und putzen. Ein paar Stunden antrocknen lassen. Die Wurzel in kleine Stücke schneiden und in einen Teefilterbeutel füllen. Den Apfel waschen, das Kerngehäuse ausstechen und den Apfel in dünne Ringe schneiden. Die Zitrone waschen, die Zitronenschale abreiben und den Saft auspressen.
In einem Topf Traubensaft, Saft und Schale der Zitrone sowie die Apfelringe zusammen mit dem Nelkenwurzsäckchen erwärmen und bei milder Hitze 10 Minuten ziehen lassen. Mit Honig nach Geschmack süßen und mit Likör oder Schnaps verfeinern. Den Punsch heiß servieren.

Das ätherische Öl der Nelkenwurzwurzel ist ähnlich aromatisch wie das der Knospen der Gewürznelke. So lässt sich das exotische durch ein heimisches Gewürz ersetzen.

PASTINAK
Pastinaca sativa

Den Pastinak oder die Pastinake findet man am Wegesrand, an Feldrainen und auf Wiesen. Ihre Doldenblüte schimmert gelb-grün. Die essbaren Blätter sind blau-grün gefärbt, gefiedert und haben einen gekerbten Blattrand. Bevor sich bei uns die Kartoffel als Grundnahrungsmittel durchsetzte, war der Pastinak mit seiner fleischigen Rübe eine wichtige Gemüsepflanze. Allerdings ist die Rübe des wilden Pastinaks im Gegensatz zur Kulturform deutlich dünner. Ihr Geschmack ist süßlich und erinnert an Petersilienwurzel, Karotte und Sellerie. Das Wurzelgemüse lässt sich kochen, braten und pürieren oder sogar zu knusprigen Chips frittieren. Die Wurzel wird im ersten Jahr geerntet, wenn sich zunächst nur die Blattrosette ausbildet. Im zweiten Jahr entwickelt sich die Blüte. Dann wird die Wurzel holzig und ist nicht mehr genießbar.

Die Früchte des Pastinaks eignen sich getrocknet und gemahlen als Gewürz und auch die jungen Blätter lassen sich als Salatwürze verwenden. Die ganze Pflanze gilt als verdauungsanregend.

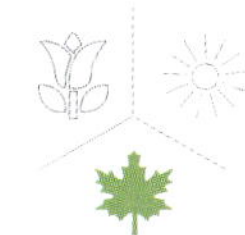

PASTINAKENPÜREE

500 g **Pastinaken**
ca. 50 ml Vollmilch
2 TL Butter
Salz
frisch geriebene
Muskatnuss

Die Pastinaken waschen, schälen und in etwa 2 cm große Würfel schneiden. In einem Topf mit etwas Wasser bedecken und weich kochen.
Die Milch inzwischen in einem separaten Topf erhitzen.
Die Pastinaken abgießen, Milch und Butter zugeben und mit dem Stabmixer pürieren.
Mit Salz und etwas Muskat abschmecken.

Veganer nehmen anstelle der Vollmilch einfach eine Pflanzenmilch und ersetzen die Butter durch Pflanzenmargarine.

SCHLEHE
Prunus spinosa

Die leuchtend blauen Früchte der Schlehe sehen lecker aus, ziehen aber den Mund sehr zusammen. Das liegt an ihrem hohen Gehalt an Gerbstoffen. Damit sie genießbar werden, brauchen sie Frost – entweder ganz natürlich oder einfach einige Tage in der Gefriertruhe. Ihr markant herber Geschmack bleibt aber erhalten und ergänzt süße Cremes mit einer Kontrastnote. Köstlich schmeckt auch ein Likör aus Schlehenfrüchten.

Im Frühling ist die Schlehe, die in Hecken und Gebüschen am Waldrand wächst, eine duftige Wolke aus weißen Blüten. Sie öffnen sich schon vor dem Erscheinen der kleinen Blätter. Man kann sie zur Zubereitung von Tee sowie roh oder kandiert als essbare Dekoration verwenden. Sowohl Blüten als auch Blätter gelten in Form von Tee als stoffwechselanregend. Im Herbst reifen dann die kugeligen, blaubereiften Früchte heran. Beim Pflücken muss man sich vor den Dornen des Strauchs in Acht nehmen. Er heißt deshalb auch Schlehdorn. Mancherorts wird die Schlehe wegen ihrer schwarzen Rinde auch Schwarzdorn genannt.

Die Blätter des Schlehenstrauchs sind mit 2 bis 5 cm eher klein und haben eine verkehrt-eiförmige Blattform. Sie läuft in einer Spitze aus.

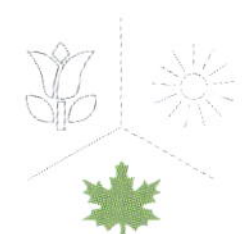

VORBEREITUNGSZEIT

WILDBLÜTENCREME MIT BESCHWIPSTEN SCHLEHEN

Für die beschwipsten Schlehen:
400 g **Schlehenfrüchte**
750 ml Kornschnaps (38 %)
100 g Kandiszucker
Rotwein

Für die Creme:
1 Vanilleschote
2 TL getrocknete Wildblüten (z. B. Malve, Rose, Gundermann, Sonnenblume, Klatschmohn, Kornblume, Gänseblümchen, Löwenzahn), plus mehr zum Servieren
500 ml Vollmilch
9 Blatt Gelatine
4 Bio-Eigelb
120 g Zucker
500 g Sahne

1 GROSSES, HELLES SCHRAUBGLAS
1–2 SAUBERE FLASCHEN ZUM ABFÜLLEN

Die Schlehenfrüchte waschen und putzen, dann in ein Schraubglas füllen. Wichtig: Die Schlehen müssen einmal Frost abbekommen haben. Die Früchte mit dem Kornschnaps übergießen und den Kandiszucker dazugeben. Den Likör mindestens 2 Monate ziehen lassen. Ab und zu schütteln. Dann abfiltern und in Flaschen abfüllen. Die Schlehenfrüchte in einem verschlossenen Glas im Kühlschrank aufbewahren! Sie halten sich bis zu einem Jahr.
Nun die gewünschte Menge Früchte entnehmen und in einem Topf knapp mit Rotwein bedeckt köcheln, bis sie weich sind. Dann alles durch ein Sieb streichen und das Mus mit etwas Schlehenlikör aromatisieren.
Für die Creme die Vanilleschote aufschlitzen, das Mark herauskratzen und beides zusammen mit den Wildblüten in der Milch kurz aufkochen. Die Gelatine einweichen. In einer großen Metallschüssel die Eigelbe und den Zucker verrühren. Die Vanilleschote aus der Milch nehmen und die Milch langsam in die Ei-Zucker-Mischung gießen. Die Gelatine ausdrücken, dazugeben und alles über dem Eiswasserbad rühren, bis die Masse kalt ist. Die Sahne steif schlagen und unter die gerade gelierende Creme heben. In Portionsschälchen füllen und mindestens 1 Stunde in den Kühlschrank stellen. Mit Wildblüten bestreuen und mit einem großen Klecks beschwipstem Schlehenmus servieren.

PASTINAK
Pastinaca sativa

EICHE
Quercus robur

EIBE
Taxus baccata

VOGELMIERE
Stellaria media

TOPINAMBUR
Helianthus tuberosus

TOPINAMBUR
Helianthus tuberosus

Topinambur ist mit der Sonnenblume verwandt, und das sieht man auch. Die sonnenförmigen Blüten strahlen gelb und öffnen sich auf bis zu drei Meter hohen Stängeln, sogar bis in den November hinein.

Die Pflanze ist ein Einwanderer aus Amerika. Deswegen wird sie gerne auch Indianerkartoffel genannt. Sie bildet unterirdische Wurzelausläufer, die ungefähr die Größe von Kartoffeln haben. Wegen dieser essbaren Knollen wird Topinambur heute kultiviert. Man findet ihn aber auch verwildert und dann häufig in Uferbereichen. Roh schmecken die Knollen angenehm nussig, gekocht sind sie süßlich. Für Diabetiker sind die Knollen besonders geeignet, da sie die Stärkeart Inulin enthalten, die den Blutzuckerspiegel nicht beeinflusst. Auch zum Abnehmen werden sie empfohlen, denn sie sättigen lange und haben nur wenige Kalorien. Allerdings kann der Verzehr von Topinambur zu Blähungen führen. Dagegen hilft dann vielleicht ein Verdauungsschnaps daraus, denn auch dafür werden die Knollen verwendet.

Die stattliche Pflanze ist auch im Garten eine Zier oder kann als Sichtschutz dienen. Aber man muss sie in Schach halten, denn sie breitet sich gern aus. Das kann man aber durch die Ernte der Knollen verhindern!

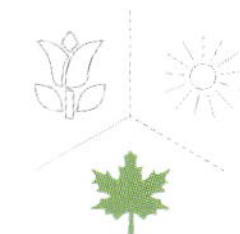

TOPINAMBUR-GRATIN

500 g **Topinamburknollen**
2 Bio-Eier
200 g Sahne
Salz und Pfeffer aus der Mühle
50 g geriebener Parmesan

AUFLAUFFORM (CA. 27 x 18 CM)
ÖL FÜR DIE FORM

Den Backofen auf 160 °C (Umluft) vorheizen. Den Topinambur waschen und schälen. Mit dem Gurkenhobel in dünne Scheiben schneiden.
Eier und Sahne verquirlen, mit Salz und Pfeffer würzen und unter den Topinambur mischen.
Eine Auflaufform mit etwas Öl auspinseln und die Mischung einfüllen. Den Käse darüberstreuen und 15–20 Minuten im Ofen backen. Das Topinambur-Gratin mit einem frischen Blattsalat servieren.

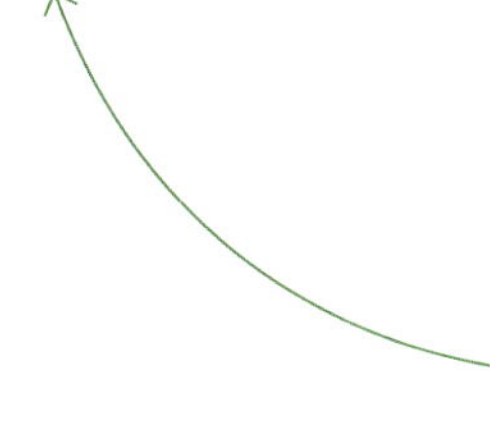

So kann man Topinambur als vollwertiges Gericht genießen. Das Gratin eignet sich aber auch als Beilage zu kurzgebratenem Fleisch.

VOGELBEERE

Sorbus aucuparia

Der Baum mit den leuchtend orangefarbenen Früchten heißt auch Eberesche. Die stark gefiederten Blätter erinnern tatsächlich an die Esche und die glatte Rinde schimmert silbrig. Die Ansicht, die Früchte seien giftig, ist weit verbreitet, aber falsch! Nur, wer sie in rauen Mengen (ab zehn Kilogramm!) und roh verzehrt, kann sich Magenbeschwerden holen. Das tut aber garantiert niemand, denn die Vogelbeeren schmecken sehr herb bis bitter und ziehen den Mund zusammen. Durch Kochen wird viel von der »giftigen« Säure abgebaut. Auch durch Einlegen in Essigwasser kann man den unangenehmen Geschmack mildern. Ähnlich wie bei den Schlehen erntet man sie am besten nach dem ersten Frost, der das Bitter-Herbe abschwächt.

Doch gerade das herbe Aroma kann einen überraschend guten Kontrast zum Beispiel zu Käse bilden und eignet sich bestens als Begleiter zu Wild. Süßsauer als Chutney oder süß als Marmelade in Kombination mit anderen Früchten ist die Vogelbeere nicht nur genießbar, sondern köstlich. Heilsam ist sie auch: Ihr wird ein günstiger Einfluss auf das Verdauungssystem zugeschrieben. In alter Zeit galt die Eberesche als Schutzbaum gegen Blitzschlag und Hexenzauber. Sie wächst bevorzugt in Laubwäldern und Gebüschen, aber auch auf Waldlichtungen.

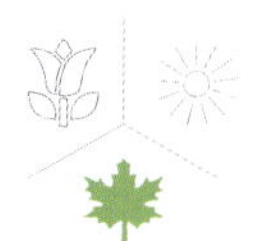

Das Vogelbeer-Chutney schmeckt auch hervorragend zu würzigem Käse.

KALTER BRATEN MIT VOGELBEER-CHUTNEY

Für den Braten:
1 kg pariertes Roastbeef
Salz und Pfeffer aus der Mühle
Butterschmalz

Für das Vogelbeer-Chutney:
2 Zwiebeln
1 EL Öl
150 g **Vogelbeeren**
200 g Äpfel
½ rote Chilischote
1 Knoblauchzehe
1 walnussgroßes Stück Ingwer
75 g Rosinen
4 EL Balsamicoessig
200 g Rohrohrzucker
150 ml Apfelsaft
125 ml Weißwein
Salz und Pfeffer aus der Mühle

2–3 SCHRAUBGLÄSER

Den Backofen auf 180 °C (Ober-/Unterhitze) vorheizen. Das Fleisch abtupfen und rundum mit Salz und Pfeffer würzen. In einem Bräter das Butterschmalz zerlassen und das Roastbeef von allen Seiten darin scharf anbraten. Den Bräter in den Ofen schieben und 30 Minuten garen.

Das gebratene Fleisch herausnehmen, in Alufolie wickeln und etwa 10 Minuten ruhen lassen. Danach auswickeln und erkalten lassen.

Die Zwiebeln schälen, hacken und in Öl andünsten. Die Vogelbeeren waschen und verlesen. Die Äpfel schälen und klein schneiden, dabei entkernen. Die Chilischote waschen, entkernen und fein schneiden. Die Knoblauchzehe schälen und durch die Knoblauchpresse drücken. Den Ingwer schälen und sehr fein hacken.

Diese Zutaten zusammen mit den Rosinen in Balsamico, Zucker, Apfelsaft und Wein 30 Minuten bei mittlerer Hitze im geschlossenen Topf köcheln lassen. Anschließend 30 Minuten bei offenem Deckel weiter kochen, bis alles weich ist. Mit Salz und Pfeffer abschmecken. Das Chutney heiß in saubere Gläschen abfüllen.

Das Fleisch in Scheiben schneiden und mit dem Vogelbeer-Chutney servieren.

Wildfrüchte-Essig
Wildfrüchte-Essig
Wildfrüchte-Essig
wilde möhre

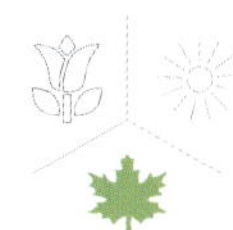

WILDFRÜCHTEESSIG

je 1 kleine Handvoll **Vogelbeeren**, Hagebutten, Holunderbeeren und Weißdornfrüchte
1 Knoblauchzehe
1 Schalotte
5 Kristalle weißer Kandiszucker
1 l milder Weißweinessig

1 GROSSES, HELLES SCHRAUBGLAS
1 SAUBERE FLASCHE ZUM ABFÜLLEN
(ERGIBT CA. 1 L)

Die Früchte waschen und putzen. Bei den Hagebutten Stiel- und Blütenansatz abschneiden. Die Früchte in ein Schraubglas füllen. Knoblauch und Schalotte schälen, etwas zerkleinern und in das Glas geben. Den Kandiszucker hinzufügen und alles mit dem Weißweinessig aufgießen.
An einem hellen Platz 4–6 Wochen ziehen lassen.
Dann abfiltern und in eine frische Flasche füllen.

Wild gesammelte Brombeeren, Himbeeren oder Heidelbeeren können selbstverständlich auch zur Aromatisierung und Färbung des Wildfrüchteessigs verwendet werden.

VOGELMIERE

Stellaria media

Bei Gärtnern ist die Vogelmiere unbeliebt, doch sie ist ein sehr schmackhaftes Wildkraut. Ihre zarten Triebe lassen sich das ganze Jahr über finden, sogar unter Schnee. Und selbst mitten im Winter treibt sie ihre weißen Blütchen. Das ist auch ein Kennzeichen, das vor einer Verwechslung mit dem giftigen Ackergauchheil schützt, der nämlich rot oder blau blüht. Das Besondere und Überraschende an der Vogelmiere ist ihr feines Aroma von knackigen Maiskölbchen. Damit passt sie bestens in jede Art von Salat. Doch auch als cremige Suppe, als Pesto oder in Quark lässt sie sich genießen.

Auf gut gedüngten Böden und am Rand von Feldern kann die Pflanze ganze Teppiche bilden. Ihre Triebe entwickeln sich flach auf dem Boden und werden von winzigen, sternförmigen Blüten gekrönt. Zwei wichtige Kennzeichen hat die Vogelmiere: Zum einen ziert ihre Stängel eine »Haarleiste« aus feinsten Härchen, die mit bloßem Auge gerade noch zu erkennen sind, zum anderen ist ihr »Hühnerdarm« typisch. Das ist ein gummiartiger Faden im Inneren, der bei vorsichtigem Auseinanderziehen eines Triebs zum Vorschein kommt. In der Volksheilkunde gilt ein Umschlag mit zerquetschtem, frischem Kraut als Mittel gegen Nacken- und Rückenschmerzen.

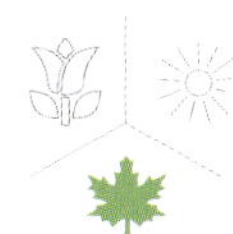

VOGELMIERENESTER

4 Handvoll Feldsalat
4 Handvoll **Vogelmiere-ranken**
12 Cocktailtomaten
3 EL Kürbiskernöl
1 EL Kräuteressig
Salz und Pfeffer aus der Mühle

Feldsalat und Vogelmiere waschen, putzen und trocken tupfen. Den Feldsalat in kleinen Schüsseln anrichten, die Vogelmiere jeweils zu einem kleinen Nest zusammenrollen und obenauf legen. Die Tomaten waschen und hineinsetzen.
Zum Schluss Kürbiskernöl, Kräuteressig, Salz und Pfeffer zu einem Dressing verquirlen und darüberträufeln.

Am besten gelingen die Nester, wenn man ungleich lange Ranken der Vogelmiere vorsichtig miteinander verdreht und in der hohlen Hand locker zu einem runden Nestchen anordnet.

WEISSDORN
Crataegus monogyna

Schon von Weitem kann man im Herbst in wilden Hecken die leuchtend roten Früchte des Weißdorns entdecken. Sie hängen meist zu mehreren an den dornigen Ästen. Ihr mehliges Fruchtfleisch – daher auch der Name Mehlbeere – umschließt einen großen Kern. Es schmeckt relativ neutral und eignet sich deswegen für die Zubereitung von süßen oder pikanten Speisen. Für Marmelade können die Weißdornfrüchte mit Birnen oder Äpfeln gemischt werden. Das verleiht ihr ein fruchtiges Aroma und eine schöne rote Farbe, die zudem auch gesund ist. Denn die für die Färbung verantwortlichen Flavonoide wirken gleichzeitig als Antioxidantien.

Eine pikante Variante ist Pesto aus Weißdornfrüchten. Und es gibt noch die Möglichkeit der flüssigen Konservierung als Wein oder Schnaps. Der ist nicht nur köstlich, sondern auch heilsam, besonders wenn neben den Früchten auch Blüten, Knospen und junge Blättchen dafür verwendet werden. Weißdorn gilt nämlich als anerkannte Heilpflanze, die das Herz stärkt.

Wenn keine Früchte am Strauch bzw. an dem kleinen Baum hängen, lässt sich der Weißdorn gut an den tief eingeschnittenen und gebuchteten Blättern erkennen. Sie haben Ähnlichkeit mit einer Hand.

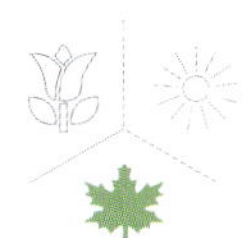

ROHRNUDELN MIT WEISSDORNMUS UND ROSENZUCKER

Für das Weißdornmus:
500 g **Weißdornfrüchte**
100–120 ml Birnensaft
100–120 ml Weißwein
3–4 EL Rohrohrzucker
½ Pck. Vanillezucker
2 TL Birnenbrand

Für die Rohrnudeln:
500 g Mehl
1 Würfel Hefe
100 ml zimmerwarme Milch
125 g zimmerwarme Sahne
50 g Zucker
1 Prise Salz
2 Bio-Eier
50 g Butter

Für den Rosenzucker:
5 EL getrocknete Rosenblütenblätter
5 EL Zucker

AUFLAUFFORM (CA. 30 x 30 CM)
FETT FÜR DIE FORM

Die Weißdornfrüchte waschen und verlesen. Mit je 100 ml Birnensaft und Weißwein köcheln, bis sie weich sind, dann alles durch ein Sieb streichen, dabei die Kerne zurückbehalten. Mit beiden Zuckersorten erneut kurz aufkochen. Ist die Konsistenz zu fest, noch etwas Saft und/oder Wein hinzufügen. Vom Herd nehmen und mit dem Birnenbrand aromatisieren.

Wichtig für die Zubereitung der Rohrnudeln: Alle Zutaten sollten Zimmertemperatur haben! Am besten alles schon am Vorabend bereitstellen.

Das Mehl in eine Schüssel geben und eine Mulde in die Mitte drücken. Die Hefe hineinbröckeln und mit Milch, Sahne, Zucker und Salz verrühren. Die Eier dazugeben und alles gut verkneten. Die Butter zerlassen und abkühlen lassen. Zum Schluss mit einarbeiten. Die Schüssel mit einem Tuch abdecken und den Teig an einem warmen, nicht zugigen Ort so lange gehen lassen, bis er sich sichtbar vergrößert hat. Den Backofen auf 180 °C (Ober-/Unterhitze) vorheizen. Den Teig auf der Arbeitsplatte nochmals durchkneten und in 16 Stücke teilen.

In jedes Stück eine Vertiefung drücken, mit 1 TL Weißdornmus füllen und zu einem Knödel formen. Mit der »Naht« nach unten nebeneinander in eine gut gefettete Auflaufform setzen und 30–40 Minuten im Ofen backen.

Für den Rosenzucker die Rosenblätter im Mörser oder im Blitzhacker mit dem Zucker fein mahlen und über die noch heißen Rohrnudeln streuen. Als Gebäck zu Kaffee oder Tee reichen.

BRENNNESSELWAFFELN MIT APFEL-WEISSDORN-MUS

Für das Apfel-Weißdorn-Mus:
600 g **Weißdornfrüchte**
350 ml Apfelsaft
400 g Äpfel
1–2 EL Rohrohrzucker
2 Msp. gemahlener Zimt

Für die Waffeln:
125 ml Vollmilch
2 Bio-Eier
90 g Zucker
1 Pck. Vanillezucker
125 g Dinkelmehl
50 g Buchweizenmehl
½ Pck. Backpulver
4 EL Brennnesselsamen

WAFFELEISEN
FETT FÜR DAS WAFFELEISEN

Die Stiele von den Weißdornfrüchten abzupfen und die Früchte waschen. In einem Topf mit 250 ml Apfelsaft übergießen und zum Kochen bringen. Etwa 5–10 Minuten lang weich kochen, dann alles durch ein Sieb streichen.
Die Äpfel schälen, das Kerngehäuse ausstechen und die Äpfel klein schneiden. In einem Topf mit dem restlichen Apfelsaft übergießen und ebenfalls weich kochen. Das Weißdornmus, Zucker und Zimt zu den gekochten Äpfeln geben und alles pürieren.
Für die Waffeln alle Zutaten mit 125 ml Wasser nacheinander zu einem flüssigen Waffelteig verquirlen. Portionsweise in ein gefettetes Waffeleisen füllen und goldgelb backen.
Die Waffeln mit einem großen Klecks Apfel-Weißdorn-Mus auf Tellern anrichten.

KRÄUTER PORTRÄT S. S. 136

ZWIEBELKUCHEN MIT WIESENKÜMMEL

400 g Weizenmehl
100 g Roggenmehl
1 Würfel Hefe
1 TL Salz
250 g durchwachsener Speck
6 Gemüsezwiebeln
3 EL **Kümmelfrüchte**
Salz

ÖL ZUM BEPINSELN

Beide Mehlsorten in einer Schüssel mischen. Eine Mulde in die Mitte drücken und die Hefe hineinbröckeln. Salz und 300 ml lauwarmes Wasser zufügen und alles zu einem glatten Teig verkneten. Die Schüssel mit einem Tuch abdecken und an einem warmen Ort 30–40 Minuten gehen lassen, bis sich der Teig etwa verdoppelt hat.

Dann nochmals durchkneten und auf einem mit Öl ausgepinselten Backblech etwa ½ cm dick ausrollen. Weitere 30 Minuten zugedeckt ruhen lassen.

Den Speck fein würfeln und in einer großen Pfanne auslassen. Die Zwiebeln schälen und in Würfel schneiden. Zum Speck geben und etwa 20 Minuten dünsten, bis die Zwiebeln weich sind und leicht bräunen. Inzwischen den Backofen auf 200 °C (Umluft) vorheizen. Kümmel und etwas Salz unter die Zwiebeln mischen. Die Zwiebel-Speck-Masse auf dem Teig verteilen und 30–40 Minuten im Ofen backen.

RICHTIG ERNTEN!
Was, wie, wo und wann?

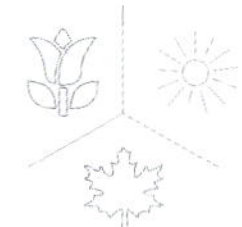

Das Wichtigste ist, dass Sie nur Wildkräuter sammeln, die Sie sicher erkennen. Als »Anfänger« lassen Sie sich am besten von Kräuterkundigen zeigen, wie man sie unterscheidet. Am sichersten ist die Bestimmung anhand von drei Merkmalen. Das kann zum Beispiel die Form und die Farbe der Blüte sein, die Haptik der Blätter, der Geruch der Pflanze oder der Querschnitt des Stängels. Nicht alle Pflanzen derselben Art sehen immer gleich aus; es gibt Abweichungen. Bei Unsicherheit lieber stehen lassen! Die Natur schenkt uns genügend Auswahl.

Bitte beachten Sie beim Sammeln, nie den ganzen Bestand einer Art an einer Stelle zu ernten. Es sollten immer Pflanzen stehen bleiben, damit sie sich weiter vermehren können. Es versteht sich von selbst, dass man keine Pflanzen sammelt, die unter Naturschutz stehen. Und man sollte wissen, dass im Naturschutzgebiet nicht einmal ein »Allerweltskraut« gepflückt werden darf.

Wichtig ist auch: nur die Teile der Pflanze sammeln, die man braucht, und nur die Menge nehmen, die wirklich benötigt wird. Ins Sammelkörbchen kommen nur einwandfreie Blätter ohne braune Stellen und Löcher sowie Früchte ohne Flecken, wenn sie gerade reif sind und keine angestoßenen Stellen aufweisen.

Wie?

Eine Lupe und ein Bestimmungsbuch sollten zur Sicherheit immer dabei sein. Zum Ernten eignen sich ein scharfes Messer, eine Haushalts- oder Gartenschere.

Es empfiehlt sich, die Kräuter getrennt zu sammeln, dann tut man sich später in der Küche leichter. Zur Aufbewahrung eignet sich ein Korb am besten, es kann aber auch eine Papiertüte sein. Wenn es heiß ist, machen zarte Pflanzen schnell schlapp und werden welk. Da ist es gut, ein paar Plastiktüten mit Zippverschluss, eine Rolle Küchentücher und einen Wasserzerstäuber dabei zu haben. Ein angefeuchtetes Küchentuch kommt in den Beutel als Unterlage für die Kräuter. Dann bläst man den Beutel auf und verschließt ihn. Durch die Feuchtigkeit bleiben sie knackig und das Luftpolster schützt sie vor Druckstellen. So lassen sich die Kräuter auch im Kühlschrank etwa 2 Tage lang aufbewahren. Praktisch ist auch ein 1-Liter-Messbecher zum Sammeln, da man so gleich die richtige Menge für manche Rezepte mitnehmen kann.

Wo?

Wildkräuter findet man nahezu überall – an Wiesenrändern, in und unter Hecken, an trockenen Hängen, auf Brachflächen, an Bach- und Teichufern sowie am Wald- und Feldrand. Dort kann man sammeln. Genauso an wenig befahrenen Straßen und am Rand von nicht intensiv landwirtschaftlich genutzten Flächen. Auf gedüngten und gespritzten Wiesen dagegen sollte man ebenso wenig ernten wie an »Hunde-Gassi-Wegen« oder auf Tierweiden. Am besten

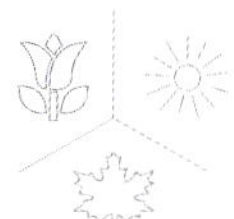

ist natürlich der eigene Garten! Viele machen sich beim Sammeln von Wildkräutern und Waldbeeren Gedanken über den Fuchsbandwurm. Dessen winzige Eier scheidet der Fuchs mit seinem Kot aus. Sie sind mit bloßem Auge nicht zu erkennen. Durch Abwaschen lassen sie sich nicht vollständig entfernen, es kann aber die Gefahr der Ansteckung verringern. Um die Eier zuverlässig abzutöten, braucht es Temperaturen von über 70 Grad. Das bedeutet aber auch den »Tod« von Vitaminen. Erkrankungen an Echinokokkose sind allerdings sehr selten. Die meisten Erkrankten haben sich eher durch einen engen Kontakt mit ihren Haustieren angesteckt. Das Robert Koch-Institut schreibt über die Ansteckungsgefahr: »Der Mensch nimmt die Wurmeier durch kontaminierte Hände entweder nach direktem Kontakt mit infizierten Endwirten (Fuchs, Hund, Katze), an deren Fell die Eier haften können, oder durch Umgang mit kontaminierter Erde auf. Die Möglichkeit der Übertragung durch kontaminierte Nahrungsmittel (Waldbeeren, Pilze) bzw. kontaminiertes Wasser ist nicht geklärt.«*

Wichtig ist also das Händewaschen, vor allem nach dem Kontakt mit Haustieren. Ein hohes Risiko, sich mit dem Fuchsbandwurm anzustecken, haben Menschen, die in der Landwirtschaft arbeiten. Denn auch Kulturpflanzen auf dem Acker können mit Fuchsbandwurmeiern behaftet sein. Dort besteht die Gefahr, durch aufwirbelnden Erdstaub die Eier einzuatmen und sich so anzustecken.

* Quelle: www.rki.de/DE/Content/Infekt/EpidBull/Merkblaetter/Ratgeber_Echinokokkose.html#doc2398572bodyText17

Am besten sammelt man Wildpflanzen vormittags, wenn der Tau abgetrocknet ist. Eine ungünstige Zeit zur Ernte ist unmittelbar nach Regen, denn er wäscht Vitalstoffe und Aromen ab. So zum Beispiel den Blütenstaub bei Holunderblüten, der Holundersirup sein charakteristisches Aroma verleiht. Wenn möglich, sollte man ein paar Tage abwarten. Nasse Pflanzen faulen auch leichter.

Blüten werden am besten zu Beginn der Blühphase gezupft, wenn sie gerade frisch erblüht sind. Wenn sie viele ätherische Öle enthalten, dann lieber vor der Mittagssonne, denn die lässt sie nämlich einfach verduften.

Blätter werden jung und zart geerntet, vor allem, wenn sie roh gegessen werden sollen. Oft genügt es auch, nur die oberen Blätter zu nehmen. Sollen die Pflanzen gekocht werden, lassen sich auch größere Blätter und Blattstiele mit verwenden.

Wurzeln werden traditionell im Herbst ausgegraben, wenn die Pflanze ihre Nährstoffe darin einlagert, aber auch im Frühjahr, wenn sie noch voll frischer Kraft stecken.

MONAT	Januar	Februar	März	April	Mai	Juni	Juli	August
Bärlauch	Ψ	Ψ 🍃	🍃	✿ 🍃	✿ Ψ	✿ Ψ	Ψ	Ψ
Beifuß				🍃	🍃	🍃 ✿	🍃 ✿	
Beinwell		Ψ	Ψ	🍃	✿ 🍃	✿ 🍃	✿ 🍃	
Brennnessel			🍃	🍃	🍃	🍃	☘ 🍃	☘ 🍃
Dost				🍃	🍃	🍃	🍃 ✿	✿
Eibe								
Eiche			🍃	🍃				☘
Engelwurz		Ψ	🍃 Ψ	🍃	🍃	✿ 🍃		
Fichte				🍃	🍃	🍃	🍃	🍃
Gänseblümchen	🍃	🍃	✿ 🍃	✿ 🍃	✿ 🍃	✿ 🍃	✿ 🍃	✿ 🍃
Giersch			🍃	🍃	🍃	✿ 🍃	✿ 🍃	✿ 🍃
Gundermann			🍃	🍃 ✿	🍃 ✿	✿		
Holunder					✿	✿		☘
Hopfen				🍃	🍃	🍃	✿	✿
Kartoffelrose						✿	✿	✿
Knoblauchsrauke				🍃	🍃 ✿	🍃 ✿ ☘	☘ 🍃	
Labkraut				🍃	🍃	✿ 🍃	✿	
Linde				🍃	🍃	✿		
Löwenzahn		Ψ	🍃 ✿ Ψ	🍃 ✿	🍃 ✿	🍃 ✿	🍃	🍃
Mädesüß						✿	✿	✿
Meerrettich	Ψ	Ψ						
Nachtkerze				🍃	🍃	✿ 🍃	✿	✿
Nelkenwurz	🍃	🍃		🍃	🍃			
Pastinak				🍃	🍃	🍃		
Quendel					✿ 🍃	✿ 🍃	✿ 🍃	✿ 🍃
Rotklee				🍃	✿ 🍃	✿	✿	✿
Sauerampfer			🍃	🍃	🍃	🍃	🍃	🍃
Schafgarbe			🍃	🍃	🍃	✿ 🍃	✿ 🍃	✿ 🍃
Scharbockskraut		🍃	🍃	🍃				
Schlehe								
Spitzwegerich				🍃	🍃 ✿	✿ 🍃	🍃 ✿	🍃
Steinklee				🍃	✿ 🍃	✿ 🍃	✿ 🍃	✿ 🍃
Taubnessel				✿ 🍃	✿ 🍃	✿ 🍃	✿ 🍃	✿
Topinambur	Ψ	Ψ	Ψ					
Vogelbeere								☘
Vogelmiere	✿ 🍃	✿ 🍃	✿ 🍃	✿ 🍃	✿ 🍃	✿ 🍃	✿ 🍃	✿ 🍃
Waldmeister				🍃	🍃	🍃		
Weißdorn				🍃	✿	✿		☘
Weißer Gänsefuß				🍃	🍃	🍃	🍃 ✿	✿
Wiesenbärenklau				🍃	🍃 ✿	🍃 ✿	🍃 ✿	🍃 ☘ ✿
Wiesenkümmel				🍃	🍃	🍃 ✿		☘
Wiesensalbei				🍃	🍃	✿ 🍃	✿	
Wiesenschaumkraut				✿ 🍃	✿ 🍃			
Wilde Möhre				🍃	🍃	✿ 🍃	✿	✿

September	Oktober	November	Dezember
Wurzel	Wurzel	Wurzel	Wurzel
Wurzel	Wurzel	Wurzel	Wurzel
Früchte	Früchte		
Blüte			
Früchte	Früchte		
Früchte	Früchte		
Wurzel	Wurzel	Wurzel	Wurzel
Blatt			
Blüte, Blatt	Blatt	Blatt	Blatt
Blatt			
Früchte			
Blatt			
Blüte, Früchte	Früchte	Früchte	
Blüte			
Blatt, Wurzel	Wurzel	Wurzel	Wurzel
	Wurzel	Wurzel	Wurzel
Wurzel	Wurzel	Wurzel	Wurzel
Blatt, Wurzel	Blatt, Wurzel	Blatt, Wurzel	Blatt, Wurzel
Wurzel	Wurzel	Wurzel	Wurzel
Blüte, Blatt	Blüte, Blatt		
Blüte			
Blatt			
Blüte, Blatt			
	Früchte	Früchte	Früchte
Blüte, Blatt			
Blüte	Blüte		
		Wurzel	Wurzel
Früchte	Früchte	Früchte	
Blüte, Blatt	Blüte, Blatt	Blüte, Blatt	Blüte, Blatt
Früchte	Früchte		
Früchte, Blüte	Früchte, Blüte		
Früchte	Früchte		
Früchte			
Blüte, Früchte, Wurzel	Blüte, Früchte, Wurzel	Wurzel	Wurzel

Der richtige Zeitpunkt der Ernte ist abhängig vom Wetter und vom Standort. In höheren Lagen sind die Wildkräuter gerne etwas später dran und die optimale Reife kann sich dann auch einmal um 14 Tage verschieben. Der Erntekalender liefert einen allgemeinen Anhaltspunkt dafür, wann welche Pflanzenteile gesammelt werden können.

KRÄUTER REGISTER

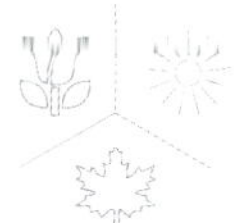

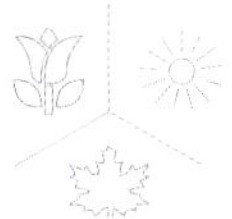

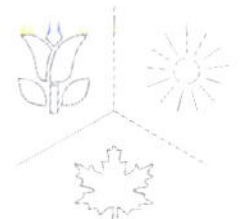

REZEPT REGISTER

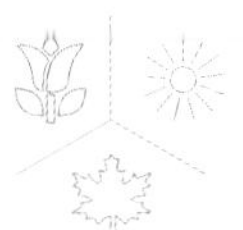

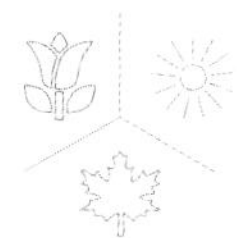

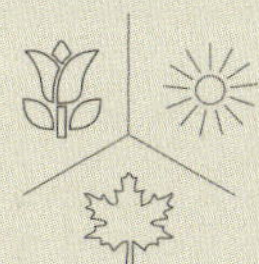

MARION REINHARDT,

gebürtige Coburgerin, ist Franken treu geblieben und lebt heute mit ihrer Familie in Fürth. Die studierte Kunstgeschichtlerin arbeitete viele Jahre als Journalistin, bevor sie sich ganz ihrer Leidenschaft, den Kräutern, verschrieb. Heute versucht die passionierte Kräuterpädagogin, auf Wildkräuterwanderungen, bei Kräuterworkshops oder auf geführten Reisen in die schönsten regionalen und überregionalen Kräutergärten dieses Feuer auch in anderen zu entfachen.

Und da Marion Reinhardt auch leidenschaftlich gerne fränkisch kocht, lag es für sie auf der Hand, beides miteinander zu verbinden.

IMPRESSUM

Originalausgabe
1. Auflage Mai 2017
ars vivendi verlag GmbH & Co. KG, Bauhof 1,
90556 Cadolzburg

www.arsvivendi.com

LEKTORAT: Simone Gerlach
UMSCHLAGGESTALTUNG: Diana Dörfl,
dörfl-Multivitamine

UMSCHLAGFOTO: © Hanne Beinhofer, *BEAUTIFUL DAYS*
BILDNACHWEIS:
FOODFOTOGRAFIEN: Hanne Beinhofer, *BEAUTIFUL DAYS*
ALLE ÜBRIGEN FOTOGRAFIEN: Marion Reinhardt
FOODSTYLING: Hanne Beinhofer, *BEAUTIFUL DAYS*
INNENGESTALTUNG UND SATZ: Diana Dörfl,
dörfl-Multivitamine
DRUCK: GPS Group GmbH, Velden
Printed in the EU

ISBN 978-3-86913-761-2

WEITERE KULINARISCHE GENÜSSE AUS FRANKEN

Marianne J. Voelk
Franken vegetarisch – Das Knoblauchsland-Kochbuch
Hardcover, 144 Seiten
ISBN 978-3-86913-619-6

KULINARISCH – VEGETARISCH – FRÄNKISCH

Fenchelgemüse mit Karamell-Zwiebeln, Zuckererbsen-Risotto mit Meerrettichröschen oder Kürbis in Orangen-Ingwer-Sauce mit Couscous – Franken geht auch vegetarisch! Praktisch, dass das Knoblauchsland, Bayerns größtes Gemüseanbaugebiet, direkt vor der Haustür liegt. Marianne J. Voelk kreiert aus regionalen Zutaten 60 neue fantastische Rezepte und entstaubt traditionelle – für eine frische, moderne Küche.

Gerlinde Herz, Petra Teetz
Aus meim Gärtla – Rezepte und Tipps für das ganze Jahr
Klappenbroschur, 176 Seiten
ISBN 978-3-86913-117-7

GARTENLUST UND GAUMENFREUDE

Erntefrisch auf den Tisch – das ist Gartenküche vom Feinsten! Petra Teetz und Gerlinde Herz führen mit wertvollen Tipps, ausführlichen Pflanzenporträts und raffinierten Rezepten durch das fränkische Gartenjahr.